新时代"大思政课"系列丛书　（第一辑）

丛书主编　邢云文

生态文明教育从娃娃抓起

王叶婷　等——编著

为小学生设计的"双碳"课堂

上海交通大学出版社
SHANGHAI JIAO TONG UNIVERSITY PRESS

内容提要

本书依托于上海交通大学附属实验小学开设的"双碳"课程,从"双碳"教育的现实缘起、心理机制、行为规范、课程教学、科创活动、社会实践、育人空间与文化建设各方面展开,阐述其主要组成模块与设计思路。本书将理论阐释与课程教学案例相结合,展示面向小学生的"双碳"课程教学,体现新时代生态文明教育成果,为生态文明教育融入育人全过程提供教学经验与教学参考。

图书在版编目(CIP)数据

生态文明教育从娃娃抓起 : 为小学生设计的"双碳"课堂/ 王叶婷等编著. -- 上海 : 上海交通大学出版社, 2024.11 --(新时代"大思政课"系列丛书).
ISBN 978-7-313-31941-8

Ⅰ. G623.62

中国国家版本馆 CIP 数据核字第 20244N1S61 号

生态文明教育从娃娃抓起
——为小学生设计的"双碳"课堂
SHENGTAI WENMING JIAOYU CONG WAWA ZHUAQI
——WEI XIAOXUESHENG SHEJI DE "SHUANGTAN" KETANG

编　　著:王叶婷 等
出版发行:上海交通大学出版社　　　　　　地　　址:上海市番禺路 951 号
邮政编码:200030　　　　　　　　　　　　电　　话:021-64071208
印　　制:上海万卷印刷股份有限公司　　　经　　销:全国新华书店
开　　本:880 mm×1230 mm　1/32　　　　印　　张:5
字　　数:110 千字
版　　次:2024 年 11 月第 1 版　　　　　　印　　次:2024 年 11 月第 1 次印刷
书　　号:ISBN 978-7-313-31941-8
定　　价:58.00 元

丛书序言

2021 年全国"两会"期间，习近平总书记在看望参加全国政协会议的医药卫生界教育界委员时，对时任上海交通大学校长林忠钦院士关于"大思政课"的建议作出回应时指出："'大思政课'我们要善用之，一定要跟现实结合起来。"

善用"大思政课"，必须准确把握其"大"的特点，不断丰富"大思政课"的内容、途径、载体，有效凝聚学校、区域、社会协同育人的强大合力。上海交通大学深入贯彻习近平总书记重要指示精神，强化问题导向和系统思维，持续构建大中小学一体化、校内外一体化、知信行一体化的"大思政课"工作格局，推动上海"大思政课"建设整体试验区（上海交通大学-闵行区）建设走深走实。一方面，充分发掘党的创新理论与新时代伟大社会实践中蕴含的丰富育人资源，把学校小课堂与社会大课堂贯通起来。以学校的理论优势、知识优势、人才优势辐射试验区，将试验区联合单位在新时代改革创新中的鲜活实践提升到理论层面，转化为生动的育人资源，打造大学牵引、区域联动、大中小学贯通的"大思政课"建设大系统。另一方面，明确"大思政课"建设是一个协同育人的整体性工程，注重顶层设计和整体规划。破除传统思政课教学、教材、教师的思维定式，对教育理念、内容、方法、载体等进行系统性改革和全方位重塑,减少各部门各自为战的情况,逐步形成"大课堂""大平台""大师资"建设的内生动力和实践机制。

本套丛书是上海"大思政课"建设整体试验区(上海交通大学-闵行区)的工作成果,由多位长期从事思政教育的资深专家、身处教学一线的青年教师等共同编纂撰写,内容涵盖了系统性的教研思考和针对性的对策建议,准确把握思政课程与课程思政建设的内涵要求,创新探索场馆育人、空间育人、实践育人等外延领域,体现了学校课堂与社会"大课堂"的有效衔接、理论课本与鲜活"大教材"的有机统一、教学循环与育人"大循环"的有力协同。希望丛书的出版,能够为进一步深化新时代"大思政课"建设理论和实践研究提供借鉴,为着力培养担当民族复兴大任的时代新人贡献交大经验和交大智慧。

2024 年 2 月 29 日

引　言

　　中国共产党带领中国人民经过艰苦卓绝的伟大斗争,实现了民族独立和人民解放,找到了一条走向繁荣富强的正确道路,并全面建成小康社会,实现了第一个百年奋斗目标。中华民族迎来了从站起来、富起来到强起来的伟大飞跃。站在第二个百年奋斗目标的历史新起点,我们要力争到 21 世纪中叶全面建成富强民主文明和谐美丽的社会主义现代化强国。

　　2020 年 9 月 22 日,中国国家主席习近平在第七十五届联合国大会一般性辩论上宣布:"中国将提高国家自主贡献力度,采取更加有力的政策和措施,二氧化碳排放力争于 2030 年前达到峰值,努力争取 2060 年前实现碳中和。"中国提出的碳达峰、碳中和(以下简称"双碳")目标在国内国际社会引发关注,这是中国主动承担应对全球气候变化责任的大国担当,是加快生态文明建设和实现高质量发展的重要抓手。"双碳"重大战略目标,不仅事关中华民族永续发展,还关系到构建人类命运共同体和人与自然生命共同体,是中华民族复兴伟业的内在要求,也是人类可持续发展的客观需要。

　　实现"双碳"目标是一项复杂的系统工程,是一个需要持续几十年的科学转型过程,可以使社会文明的形态逐步由工业文明转向生态文明。我们需要以大视野、大格局来深刻认识这场大变局。青少年的成长要融入国家发展大局,积极参与到对"双碳"这一时代新命题的探讨中,参与到这场广泛而深刻的经济社会系统性变革中。这场变革既需要教育的深度参与,同时也必将深刻影响教育。其中,人才培养是核心内容和关键所在。

青少年作为现代工业文明体系中的城市人,对工业运行体系下的水、空气、温度等环境变化具有直观的感受,对美好生活环境、对"绿水青山"、对生态文明具有天然的需求感情。

要拥抱绿水青山,就必须贯彻落实党中央提出的"双碳"目标;要实现"双碳"目标,就需要培育高素质的生态文明公民。我们需要运用一系列有效的基本策略和教育措施,推进公民的"双碳"教育,增强公民的绿色低碳意识,提升公民的生态文明素养。2022年4月和10月,教育部分别发布《加强碳达峰碳中和高等教育人才培养体系建设工作方案》《绿色低碳发展国民教育体系建设实施方案》,对高等教育人才培养体系、国民教育体系等中的"双碳"教育有关工作进行了专题谋划与系统布局。

几乎所有教学行为与动作的变革都是从尝试开始。上海交通大学附属实验小学(以下简称"交大实小")在"双碳"教育领域主动布局,率先提出践行"双碳"教育、培育时代新人的教育命题,主动应对未来的学校发展、人类健康与生态文明等各项挑战。2022年9月起,交大实小在一至三年级开设"双碳"课程,开展"双碳"通识教育。当时很多家长还不明白班级课表里的"双碳"课为何物。为此,学校打开校门,把家长请来学校一起听课研讨,最终获得家长和社会高度认可,也为后续一系列"双碳"课程教学、社会实践、科创活动、文化宣教等聚集了认知与行动共识，实现了从"敢做"到"能做"的突破，也为本书的创作奠定了坚实基础。

"双碳"教育需要整合社会和学校的资源平台，形成合力，尊重科学性、多样性和创新性的基本原则，开展系统性的方案设计。为阐述这一理念，本书分为八个篇章，具体章节及撰写负责人如下：第一章"绿色低碳教育缘起"（贺可晓），第二章"绿色低碳健康心理"（王玉侬），第三章"绿色低碳行为规范"（杨永茹），第四章"绿色低碳课程教学"（黄萍），第五章"绿色低碳科创活动"（吴勋），第六章"绿色低碳社会实践"（冯雅心），第七章"绿色低碳育人空间"（王叶婷），第八章"绿色低碳育人文化"（贺可晓）。

在绿色生态文明教育与实践中努力健全完善"双碳"思政育人体系，有助于充分发挥"大思政课"育人功能，把"双碳"理念全面融入学校德育"第一课堂"建设，推动"双碳"人才培养，推动"双碳"元素与"大思政课"物、事、人、馆等要素进行有机融合，引导学生树立服务"双碳"的远大志向。通过善用社会"大课堂"，在知信行一体化的社会实践和日常生活中推进绿色低碳教育，倡导绿色低碳生活方式，让践行低碳理念成为学生的自觉行为方式。

目　录

第一章

绿色低碳教育缘起

　　教育的根本任务是立德树人，培养德智体美劳全面发展的社会主义建设者和接班人。新时代的教育工作者具有义不容辞的使命担当与育人责任，应首先明确育人的导向。

第一节　生态文明建设的战略背景

　　作为基础教育工作者，要坚持不懈用习近平新时代中国特色社会主义思想铸魂育人，着力加强社会主义核心价值观教育，引导学生树立坚定的理想信念，建设国家，服务人民；坚持改革创新，推进大中小学思想政治教育一体化建设，提高思政课的育人性、针对性和吸引力；扎根中国大地办教育，将教育教学同生产劳动和社会实践相结合，积极投身加快推进教育现代化、建设教育强国、办好人民满意的教育的事业，努力培养担当民族复兴大任的时代新人。

中国共产党在革命建设与追求现代化的伟大征程中对人与自然的关系进行了深入的探索实践、经验总结与理论发展。从党的十八大将生态文明建设纳入"五位一体"总体布局,到党的十九届五中全会将"生态文明建设实现新进步"作为"十四五"发展主要目标之一,再到党的二十大将"人与自然和谐共生"放在全面建设社会主义现代化国家、实现第二个百年奋斗目标的谋划高度,生态文明建设的战略定力更加牢固,生态文明理念逐步深入人心,形成了习近平生态文明思想等一系列重大成果。

习近平总书记指出:"生态文明是人类社会进步的重大成果。人类经历了原始文明、农业文明、工业文明,生态文明是工业文明发展到一定阶段的产物,是实现人与自然和谐发展的新要求。"习近平生态文明思想是习近平新时代中国特色社会主义思想的重要组成部分,是全社会推动实现"双碳"目标的思想共识和基本遵循。《中共中央 国务院关于完整准确全面贯彻新发展理念做好碳达峰碳中和工作的意见》明确提出,要把碳达峰碳中和纳入经济社会发展全局,以经济社会发展全面绿色转型为引领,以能源绿色低碳发展为关键,加快形成节约资源和保护环境的产业结构、生产方式、生活方式、空间格局,坚定不移走生态优先、绿色低碳的高质量发展道路,确保如期实现碳达峰、碳中和。其主要目标是:"到 2025 年,绿色低碳循环发展的经济体系初步形成,重点行业能源利用效率大幅提升……为实现碳达峰、碳中和奠定坚实基础。到 2030 年,经济社会发展全面绿色转型取得显著成效,重点耗能行业能源利用效率达到国际先进水平……到 2060 年,绿色低碳循环发展的经济体系和清洁低碳安全高效的能源体系全面建立……碳中和目标顺利实现,生态文明建设取得丰硕成果,开创人与自然和谐共生新境界。"①党的二十大报告指出,实现碳达峰碳中和是一场广泛而深刻的经济社会系统性变革。这场变革将加快推动经济社会高质量发展,引领创造人类文明新形态。"双碳"教育作为推动实现"双碳"目标的重要环节是一项系统性工作,需要社会各方面广泛参与、尤其是经济各环节协同联动,必须坚持以习近平生态文明思想指导,进一步转变思想观念、整合资源政策、推进机制创新、优化发展路径,从而完善"双碳"教育的体制机制和保障体系。

人与自然和谐共生是中国式现代化的核心要义之一,也是建成富强民主文明和谐美丽社会主义现代化强国的内在要求。作为社会主义建设者与接班人、中国式现代化建设的主力军与生力军,当代青少年需要具备生态文明意识以及在各项事业中推动生态文明发展的能力,为全面推进美丽中国建设贡献力量。

第二节　生态文明教育的
总体目标

习近平总书记 2023 年 5 月 31 日在北京育英学校考察时指出,新时代生态文明建设要从娃娃抓起,通过生动活泼的劳动体验课程,让孩子亲自动手、亲身体验、自我感悟,让"绿水青山就是金山银山"的理念早早植入孩子的心灵。至此,生态文明教育

---

① 中共中央 国务院关于完整准确全面贯彻新发展理念做好碳达峰碳中和工作的意见[N]. 人民日报,2021 - 9 - 22(1).

与建设从娃娃抓起，已成为事关建设美丽中国的教育导向与行动基础。

生态文明教育的内涵是一个跨学科的研究问题。过往学者从不同的角度以及领域对其进行解读，极大地丰富了其内涵。1970年，世界自然保护联盟为生态文明教育提出一个经典的定义："所谓生态文明教育，是一个认识价值和澄清观念的过程，其目的是发展一定的技能和态度。对理解和鉴别人类、文化与其他生物物理环境之间的相互关系来说，这些技术和态度是必要的手段。生态文明教育还促进人们对环境问题的行为准则做出决策。"①

随着生态问题的全球化蔓延，人们对生态文明教育内涵的关注重点从"教育"转移到了"环境"，后又在发展中将两者视为融合的整体。1997年，希腊秉承可持续发展理念，将生态文明教育与人口、和平、发展等问题相结合，将生态文明教育的内涵提升到了一个广被认可的新高度。我国生态文明教育注重引导社会公众对自然保持敬畏及尊重，树立"人与自然生命共同体"的理念。

生态文明教育的目标可以从"理解"与"解决"两个方面实现：一方面是通过宣教使社会大众对人类和环境的依存、共生关系有更深层次的理解，从而唤起人类保护环境、爱护环境的意识，从源头上减少碳排放与环境污染；另一方面是通过专业教育培养出为消除污染、实现碳中和以维护高质量环境所需要的各种专业人员，从而解决下游发展问题。因此，培养青少年的生态

---

① 黄勤，曾元，江琴. 中国推进生态文明建设的研究进展[J]. 中国人口·资源与环境，2015(2)：111-120.

文明意识,提升公民对生态文明的认知、理解、应用能力,是达成生态文明教育目标的关键步骤。

　　然而,目前我国在生态文明教育上还面临着一些困境与难题,主要体现在:生态文明教育在国家立法政策保障层面欠缺;生态文明教育在校园教育层面普及范围不广,深度不足;生态文明教育在教学实施层面缺乏具体可行的实施方案和监督考察机制;生态文明教育在能力培养层面部分出现浅薄化现象。

　　"按照马克思主义的基本观点,人的一切行为皆是意识对现实的客观反映,并由思想意识和能力来推动;人的思想意识或某种能力是在后天环境中通过接受教育和训练形成的,公民的绿色责任意识与绿色实践能力亦如此。"①绿色低碳发展战略若没有全体公民的深刻觉醒、系统认知和自觉践行,是难以取得预期成效的。因此,面向全体公民持续开展绿色低碳教育,是提升公民生态文明意识和能力的必然要求,也是解决我国严峻的生态环境问题、建设美丽中国、全面深入推进生态文明建设和绿色发展战略、为人民群众创造美好生活的重要路径之一。

　　开展公民绿色低碳教育是生态文明建设和绿色发展以及新时代公民道德建设实践的必要举措。从教育内容的层面来看,公民绿色低碳教育主要集中在以下五个方面:绿色低碳发展理念教育、绿色低碳道德规范教育、绿色低碳家园情感教育、绿色低碳生产方式教育和绿色低碳生活方式教育。无论是启迪、教育人们科学理解公民绿色责任的内涵,还是帮助教育工作者运用绿色低碳发展理念、绿色低碳道德规范,都要以一系列相关知

---

① 　吴涛,龙静云."双碳"目标下的公民绿色责任教育[J].学习与实践,2022(3):30.

识为载体，强化公民的价值导向，促使社会大众担当起生态环保责任、绿色责任，并且做到"知行合一"，实现新时代绿色低碳发展观的全民普及、全民教育、全民实践。

青少年是祖国的未来，是社会主义事业的建设者与接班人。因此，他们也是"双碳"教育的重点对象。马克思认为："自然界，就它自身不是人的身体而言，是人的无机的身体。人靠自然界生活。"①随着全球气候变化日趋严峻，未来青少年受到气候变化的不利影响可能更为严重。马克思曾指出："人们为之奋斗的一切，都同他们的利益有关。"②青少年要为建设与自己切身相关的美好未来贡献力量，需要从小培养科学素养，增强"双碳"意识，努力学习相关的知识和技能。

新时代的"双碳"教育需要运用一系列有效的基本策略和教育措施，立足中国国情，建立国际视野。2022 年 4 月和 10 月，教育部在发布的《加强碳达峰碳中和高等教育人才培养体系建设工作方案》《绿色低碳发展国民教育体系建设实施方案》（以下简称《方案》）中设立了"双碳"教育的主要目标：到 2025 年，绿色低碳生活理念与绿色低碳发展规范在大中小学普及传播，绿色低碳理念进入大中小学教育体系，有关高校初步构建起碳达峰碳中和相关学科专业体系，科技创新能力和创新人才培养水平明显提升；到 2030 年，实现学生绿色低碳生活方式及行为习惯的系统养成与发展，形成较为完善的多层次绿色低碳理念育人体系并贯通青少年成长全过程，形成一批具有国际影响力和权威性的碳达峰碳中和一流学科专业和研究机构。

---

① 马克思恩格斯选集(第 1 卷)[M].北京：人民出版社，2012：55,158.
② 马克思恩格斯选集(第 1 卷)[M].北京：人民出版社，2012：158,187.

《方案》要求把绿色低碳发展理念融入国民教育各学段课程教材,针对不同年龄阶段青少年心理特点和接受能力,系统规划、科学设计教学内容,改进教育方式,鼓励开发地方和校本课程教材;基础教育阶段在政治、生物、地理、物理、化学等学科课程教材教学中普及碳达峰碳中和的基本理念和知识;将践行绿色低碳作为教育活动重要内容,创新绿色低碳教育形式,以全国环境保护日等宣传节点为契机,组织主题班会、专题讲座、知识竞赛、征文比赛等多种形式的教育活动,持续开展节水、节电、节粮、垃圾分类、校园绿化等生活实践活动,引导中小学生从小树立人与自然和谐共生观念,自觉践行节约能源资源、保护生态环境等各项要求。

在《方案》的指引下,共同探索青少年"双碳"教育的核心内容,需要将社会治理、全球环境变化、公民环境素养和可持续发展等校内外教学活动整合为一个行动框架。有学者提出:"在这个框架中,应秉持'REAL'(Social Responsibility,Education Innovation,Academic Excellence,Leader Development)的教育理念,在空间尺度下关注'全球—区域—社区—学校'维度,聚焦科学思维训练的'科学概念—科技创新—行动力—参与度维度',将'双碳'主题与可持续发展教育的中心紧密联系起来。"[①]由此,"双碳"教育通过培养学生的环境敏感度与共情能力,帮助其提升创造性解决问题的能力,从而强化绿色低碳责任,唤醒绿色低碳意识,激发绿色低碳行动,增进绿色低碳幸福感,培育绿色低碳文化,建设绿色低碳校园。

① 李平沙.第四期:面向青少年的"双碳"教育[J].环境教育,2023(06):16-21.

"文化自信是更基础、更广泛、更深厚的自信,是一个国家、一个民族发展中最基本、最深沉、最持久的力量,没有高度文化自信、没有文化繁荣兴盛就没有中华民族伟大复兴。"①从推进绿色低碳发展、建设生态文明的层面来看,绿色低碳文化的建设、发展与繁荣具有重要育人价值。在新时代背景下,"双碳"教育以及绿色低碳文化将成为引领与推进学校、社会绿色发展和建设社会主义生态文明的重要精神力量。

第三节 "双碳"教育的现实考量

改革开放以来,我国经济发展迅猛,全球化参与度逐渐提高,经济总量迅速扩张,已然成为世界第二大经济体。但经济高速增长也带来了诸多内部发展问题。同时,由于近年来反全球化浪潮兴起,我国与发达国家意识形态、经济贸易冲突加剧,外部经济环境持续恶化。在多重不利条件下,我国经济发展加快转型,探索并实践高质量发展之路已迫在眉睫。2017 年,党的十九大首次使用高质量发展这一表述,并着眼于经济领域,明确提出"我国经济已由高速增长阶段转向高质量发展阶段"的重要战略论断。在高质量发展时期,经济发展的质量和效益的重要

---

① 中共中央关于党的百年奋斗重大成就和历史经验的决议[N]. 人民日报,2021 - 11 - 17(1).

性提高到前所未有的高度。① 2024 年 7 月，中共中央、国务院印发《关于加快经济社会发展全面绿色转型的意见》，自此，由经济领域到社会治理的高质量发展研究与实践开始全面展开。"做好碳达峰碳中和工作，是当前形势下实现经济高质量发展的一条可行路径，这既是中国发展转型的内在要求，也是推动构建人类命运共同体的大国担当。"② 由此可见，"双碳"教育承载着高质量发展的重要使命与育人价值。

"双减"政策的落地与实施，为基础教育发展带来了挑战与机遇：一方面学校依然面临着提升教育质量的挑战，另一方面学校在减负增效的教育导向下有了更多的发展选择。随着国家经济领域的高质量发展推动与实施以及基础教育的新一轮改革，"教育高质量发展"被高频提及。目前对于何为高质量的教育，虽还无明确定义，但可以确定的是，高质量教育的主要任务是"育人"，而非"育分"，育人为本是教育高质量发展的本质价值体现。③

教育是培养人的实践活动。这项交互实践只有从人出发，才能真正促进学生健康成长和全面发展，这是"双减"的本质所在，即引领学校教育回归教育初心，将"育人"工作从"育分"工作中解析出来，关注人的全面发展、多元发展、个性发展、自由发展、持续发展和终身发展，构建以学生为本的教育生态，这也正

---

①　徐政，左晟吉，丁守海.碳达峰、碳中和赋能高质量发展：内在逻辑与实现路径［J］.经济学家，2021(11)：62－71.

②　朱信凯，龚斌磊.高质量发展背景下实现"双碳"目标的风险挑战与路径选择［J］.治理研究，2022，38(03)：13－23＋2＋124.

③　翟博.育人为本：教育思想理念的重大创新［J］.教育研究，2011，32(01)：8－14.

是推进教育高质量发展的必经之路。教育高质量发展的重要实践路径之一是链接现实生活。① 陶行知认为，"生活即教育""社会即学校"。在生态文明发展视野和网络信息化背景下，新型教育的内在机制正在发生变化。当前的学校教育教学改革更关注学生的现实生活，重在创设由学生解决实际问题的平台，引导学生创造无限发展的可能性，帮助学生迎接未来生活。而"双碳"教育显然是一种合适的教育选择。在"双碳"教育中连接现实生活，加强教育与生活的联系，设置"知碳""懂碳""减碳"的社会实践活动，加强对学生碳生活的实践指导，通过情景式、体验式、交互式的跨学科主题实践，有助于使"学校教育生活化"，让智育与德育、美育、劳育相融合，实现学习的"知信行合一"，为学校教育高质量发展提供健康、文明的动力。

在具体实践中，交大实小主要从两个方面展开尝试。一是从生命科学到生态文明。2010年，交大实小依据《上海市中小学生生命教育指导纲要》精神，以建设小学生命科学教育为切入口，引导学生探究生命，热爱生命，理解生命与自我、生命与自然、生命与社会的和谐关系，并由此学会关心自我、关心他人、关心自然、关心社会，提高生命质量，理解生命的意义和价值，以让青少年和儿童在思想道德的成长道路上认清方向、踏准步点。在新时代背景下，"双碳"教育以及绿色低碳文化将成为学生改变认知方式、改变生活方式、认识生态文明、融入生态文明、引领与推进学校及社会绿色发展、构建社会主义生态文明的重要力量。

---

① 沈燕维.育人为本理念下教育高质量发展的现实挑战与生态构建[J].教育科学研究，2023(07)：47-52.

二是从个体认知到社会共情。小学生命科学教育不仅要关注个体生命,还要探究生命奥秘、关注物种习性。通过对个体生命、物种种群的认知教育,学校旨在帮助学生认识生命、珍惜生命、尊重生命、热爱生命、尊重自然。"双碳"教育以及绿色低碳文化宣传旨在唤醒绿色低碳需要,激发绿色低碳行动,提升学生对生态文明的认知、理解、应用能力,引导学生将自我发展融入社会发展,实现"小我"与"大我"的共同发展。

教育强则国强,生态兴则文明兴。将"双碳"教育置于中国式现代化的进程中,推动"双碳"教育发展,构建以绿色低碳为要素的教育体系,将为推进人与自然和谐共生的现代化注入更多的动力,有助于推动经济高质量发展转型和全面建成社会主义现代化强国的战略目标实现。

第二章

绿色低碳健康心理

　　面对种种变化，我们应该意识到学校不仅仅是传道授业解惑的场所，心理健康教育也不是"头痛医头、脚痛医脚"的迟到教育，更重要的是要在教授知识技能、传播文化的过程中，为学生提供有效的心理健康教育，帮助学生建立积极的人生观和价值观，学会应对压力和挫折。要将心理健康教育融入学校日常教育教学和校园文化中，润物细无声地培养具有积极品质的少年儿童，使他们具备良好的心理素质。在"双碳"教育中，心理健康工作是一个重要的部分和切入点。

第一节　"双碳"教育与心理健康教育相融合

　　心理健康是指一个人基本心理活动协调一致（即认知、情感、意志、行为和人格完全协调），心理活动和社会适应良好的一

种状态。①

一、青少年心理健康教育的现实背景

2023 年 5 月 31 日,习近平总书记在北京育英学校考察时强调:"学生的理想信念、道德品质、知识智力、身体和心理素质等各方面的培养缺一不可。"

近年来,随着社会的发展,生活在城市里的青少年的心理健康问题受到了越来越多的关注。学生的心理问题本质上是一个复杂的社会问题,受到多种因素的影响,包括学业压力、家庭环境、社会竞争、人际关系以及个人成长阶段的变化等。这些因素对学生的心理影响主要表现为以下几个方面:

(1)学业压力:学生往往面临较高的学业期望和竞争压力,这可能导致他们出现焦虑、抑郁和自我价值感低的问题。

(2)家庭环境:家庭冲突、父母期望过高或被忽视都可能对学生造成心理负担。

(3)社会竞争:城市生活节奏快,社会竞争激烈,学生可能产生不安全感和压力。

(4)人际关系:学生可能因为社交圈狭窄或过度网络社交而感到孤独;虚拟的社交世界也可能影响青少年的现实社交能力,导致他们难以建立真实的社交关系。

(5)个人成长:青春期的学生在探索自我身份和未来方向时,可能会遇到困惑和挑战。

(6)数字依赖:长时间沉浸在电子设备中可能导致眼睛疲

---

① 上海市健康促进委员会办公室.上海市民心理健康知识120问[M].上海:上海科技教育出版社,2012:1.

劳、睡眠不足、注意力分散等问题；此外，沉迷于社交媒体可能引发情绪波动和心理健康问题。

（7）健康风险：缺乏户外活动可能增加近视、肥胖等健康风险，从而增加心理压力。

随着学校日常心理健康工作逐步开展，老师和家长发现学生出现心理问题的概率逐年增加，且有低龄化发展的趋势。不仅如此，特殊学生的占比也逐年增高，特教学生的融合教育问题也引起越来越多的重视。

与此同时，在现代社会的快速发展中，环境问题已成为全球关注的焦点。绿色低碳生活不仅是一种环保理念，更是一种对心灵健康的深刻追求。它强调人与自然的和谐共生，倡导一种简约、可持续的生活方式。

2019 年世界经济合作发展组织的"国际学生评估项目"结果显示，芬兰的学生平均学习成绩优秀，且学生幸福感和生活满意度居全球最高。在小学阶段，芬兰并没有开设专门的心理健康课，而是将其融合于其他学科中，比如融合在"环境教育"这门课中。他们鼓励学生在不同社区中进行团队合作，并思考各种互动情境对幸福的意义。芬兰还以生活技能为切入口，把心理健康技能融于劳动技能教育中。多项研究表明，生活技能教育是强化儿童心理健康资源的重要手段。重视自然疗愈，让学生有大量的时间开展户外活动也是芬兰教育的特色之一。[①]

通过比对，交大实小的相关研究团队与实践教师总结出芬兰心理健康教育成功的关键点是"环境教育、团队合作、劳动技

---

① 唐鑫,钱文丹,王君.芬兰中小学心理健康教育：培养具有积极心理品质与技能的儿童[J].人民教育,2023(19)：73-76.

能、自然疗愈",这与"双碳"教育理念不谋而合。那为什么我们不能把心理健康教育和"双碳"教育课程融合在一起,打造有中国特色的"双碳·心理"课程呢? 在这个思路的启发下,交大实小开始探索一条全新的"绿色低碳,健康心理"之路。

二、"双碳"教育与心理健康教育相融合

"双碳"教育对学生心理健康的影响是多方面的。它不仅能改变学生对环境的认知和行为,也深刻影响着学生的心理状态和情感体验,主要体现在以下六个方面。

一是提升自我控制力和责任感。"双碳"教育强调低碳生活,这要求学生在日常生活中采取更加环保的行为,如节约能源、减少浪费和选择可持续的产品。这些行为的实践需要学生具备自我控制力和责任感。心理学研究表明,当个体能够控制自己的行为并认为这些行为对环境有益时,他们会感到满足和自豪。这种自我效能感和责任感的提升有助于减少焦虑和抑郁症状,提高生活满意度。

二是产生"生物陶冶效应"。"双碳"教育倡导自然亲近活动,如户外运动、自然观察和园艺等,与心理学中的"生物陶冶效应"紧密相关。这种效应指的是自然环境对人类心理和生理健康的积极影响,包括减少压力、调节情绪和增强免疫系统功能。自然环境的美丽和宁静可以增强人们的愉悦感和敬畏之情,这种情感体验有助于缓解压力和焦虑。此外,与自然的互动还可以促进身体活动,释放内啡肽等神经递质,进一步提升心理健康水平。

三是提供社会认同和归属感。"双碳"教育的社会支持和集体行动,如环保组织和社区活动提供了社会认同和归属感。根

据社会认同理论,个体倾向于与那些他们认为相似的人形成群体。在"双碳"教育的背景下,共享环保价值观的人们更容易形成紧密的社会联系,这种联系有助于个体在面对环境挑战时保持积极态度。社会支持网络还可以提供情感上的慰藉和现实的帮助,减轻压力和孤独感,这对于心理健康至关重要。

四是增加环境认同感。"双碳"教育涉及个体的环境认同,即个体如何看待自己与环境的关系。根据环境认同理论,个体的环境行为受到他们对环境的认知和情感的影响。通过"双碳"教育的教育和宣传,人们可以发展出更积极的环境认同感,从而更愿意采取行动来保护环境。这种积极的环境认同感有助于增强学生个体的环境责任感,推动他们采取更加环保的行为,由此也可以增强他们的心理健康。

五是提高心理韧性和抗压力。"双碳"教育对学生的心理健康的影响还体现在它能够改变学生对未来的预期。心理学中的乐观主义理论表明,积极的预期可以提高个体的心理韧性和应对压力的能力。"双碳"教育通过强调可持续发展的可能性,为人们提供了积极的未来愿景,有助于缓解个体成长中产生的焦虑和恐惧。当人们相信未来是可预测和可控的时,他们更有可能保持积极的心态,这对于心理健康是非常有益的。

六是提高心理弹性。心理弹性是个体应对逆境的能力,包括情绪调节、问题解决和思维调整等方面。高心理弹性的个体更能够应对压力和挫折,保持正常的心理状态。"双碳"教育强调了创新和适应性的重要性。在面对环境挑战时,学生需要不断寻找新的解决方案和适应策略。这种创新和适应性的培养有助于提高学生的心理弹性,使学生在面对困难和挑战时能够保持冷静和灵活。

"双碳"教育对学生的心理健康的影响是复杂而多元的。它通过改变学生的行为、情感、社会认同和对未来的期待，以及促进其创新和适应能力的发展，对学生的心理状态产生深远的影响。通过积极参与"双碳"教育活动，学生可以提升自己的心理健康，同时为全球的可持续发展作出贡献。

"双碳"教育与心理健康教育的融合，不仅有助于学生更全面地理解环境与人类行为之间的关系，还能帮助他们在面对环境挑战时保持积极的心态和良好的心理状态。例如，通过"双碳"教育，学生可以了解到减少碳排放对于减缓气候变化的重要性，从而激发他们采取行动的主动性；而心理健康教育则可以提供应对压力和挫折的策略，帮助学生在面对环境变化时保持冷静和乐观。

"双碳"教育与心理健康教育的融合是一项系统工程，需要教育工作者、学校、政策制定者等社会各界的共同努力。通过这样的融合，我们可以培养出既有环保意识又有心理韧性的新一代，帮助他们成为推动可持续发展和构建和谐社会的重要力量。

第二节　用美好的校园环境与 文化疗愈心灵

一、"绿色"校园，温馨"家园"

随着现代生活节奏加快，心理健康问题日益凸显。自然疗愈作为一种整合自然元素和心理干预的方法，逐渐受到学术界和实践领域的关注。

自然疗愈是指通过与自然环境的互动，利用自然环境的治愈力量来促进个体的身心健康。其理论基础涉及生态学、环境心理学、神经科学和免疫学等多个学科领域。

我们常说"以校为家"，其实这话一点也不为过：一整个白天，学生和老师都要在学校度过，细算下来，在学校这个"家园"中度过的时间比在家里还长。为了给师生打造一个贴近自然、舒适放松的绿色校园，使师生在学校能够拥有舒适的学习生活环境，交大实小对校园的环境进行了人性化的设计和布置。这也是交大实小实施"双碳"文化与心理健康疗愈融合的第一步，力求通过自然疗愈对师生的心理健康产生积极影响。

在交大实小每一栋教学楼之间都有美丽的小花园，里面不仅有丰富的绿色植物，还有假山、小池塘、紫藤花长廊、彩色长

绿色步道

小花园

椅……春天百花争艳，夏天绿树遮阴，秋天金桂飘香，冬天银杏漫天，一年四季各具特色。不仅如此，教学楼顶上也种满了绿色植物。由于自然环境优渥，校园里还吸引来了许多的鸟类和昆虫。每到课间，低年级的学生们都热衷于到小花园去"探险"，寻找小动物；高年级的学生则在这一片绿色中休憩、散步、聊天，放松身心。

交大实小校园里的绿植布置提供了一个低压力的自然环境，有助于自然疗愈对心理健康产生积极效应。自然环境提供了一个宁静的环境，可以帮助师生远离日常生活的喧嚣和压力。绿色空间和自然美景能够吸引学生们的注意力，使他们从相对固定的思维模式中解脱出来。而自然声音如鸟鸣和流水声，具有安抚作用，有助于降低心率和血压，减轻压力反应。自然光线尤其是阳光,能够促进体内血清素的产生。血清素是一种与幸福感和愉悦感相关的神经递质。而学生参与户外活动,如散步或跑步,可以释放内啡肽,这是一种天然的镇痛剂和与愉悦感相关的物质。接触自然还可以增强免疫系统的功能,提高身体抵抗力。

绿色校园对学生的学习也有着积极作用。自然环境为学生们提供了一个放松身心的场所,有助于恢复注意力和认知功能。特别是在学生经历长时间的精神劳动后,自然疗愈作为一种"绿色疗法",能够帮助学生减轻精神疲劳和认知过载。

交大实小不仅室外环境优美,还在教学楼内处处体现着绿意。走廊里处处有绿色盆栽、小花坛。走廊边还有圆桌活动区,摆放着藤桌和藤椅。走廊尽头还有"小图书角",学生们可以在这里休息、阅读。这些活动空间既满足了学生个性化学习的需求,也为他们进行同伴聚会、分享交流提供了场所。

楼道里还有"低碳宣教栏",展示着孩子们自己制作的"低碳小报"。教室里有专门开辟的"双碳角",不仅展示了孩子们自己制作的"双碳"小作品,还有他们负责养护的绿色植物、照看的小动物。"双碳角"既是学生展示自我的舞台,也是增强他们劳动技能的有效手段。

为了维护美好的校园环境、锻炼学生的劳动能力,交大实小采用班级"包干区"的模式,把校园划分为一块块小场地,由每个班级承包一块,在早上、中午两个时间段负责打扫、照顾。所有教室外的走廊也是相应班级的"包干区",同时学校所有的专用教室都有对口的班级负责整理、打扫。有的高年级学生还担任专门的"小辅导员",帮助、辅导低年级的学弟学妹们劳动。

游戏场地的包干区

　　通过"双碳角"回收再利用作品的制作、"双碳角"绿色植物的种植和对小动物的养护、照顾以及校园"包干区"的劳动,学生能够积极主动参与自然保护活动,增强了个人的责任感和成就感。校园自然环境布置的互动过程,给学生提供了社交支持和情感连接,使他们更乐于分享个人经历和感受,这有助于建立信任和理解。学生们会感到彼此之间更加亲密,无论是与其他人还是与自然界本身。这种连接感有助于减少孤独感和社会隔离感,促进心理健康。参与自然疗愈活动,如园艺和艺术创作,还可以促进创造力和自我表达力的提升,这对学生心理健康和个人成长都有积极影响。自然疗愈活动也提高了他们对环境问题的认识,促使他们采取更加可持续的生活方式。

　　总之,在一片片绿意中,学生的自信心、自律性、抗挫能力等意志品质都得到了提升，同时也学会了如何与他人交往、合作，对生命也有了更深的认识。

二、多元活动，愉悦身心

除了校园的绿色低碳环境文化布置，交大实小还开设了各种各样的体艺、实践类课程，极大地丰富了学生在校的学习生活，保证他们有充足的运动和放松身心的时间。

为保证学生在校每天至少有一小时的运动时间，学校不仅有传统的体育课、活动课，还安排了形体与舞蹈课，以及分不同年段开设的篮球、足球、高尔夫球等球类课。放学后还有各类社团活动，如棒垒球、羽毛球、轮滑、滑板、活力板等体育运动班，二胡、长笛、古筝、合唱、舞蹈等艺术修养班，围棋、国际象棋、七巧板、机器人等趣味智力班。这些课程和社团活动不仅能让学生全身运动起来，还能让他们动手动脑，愉悦身心，有益心理健康发展。

为了确保学生在参与学校活动过程中能够获得积极的心理影响，教师们不仅提供适当的支持和指导，帮助学生平衡活动与学习，培养健康的心理素质，同时也关注学生的心理状态，及时发现和干预潜在的心理问题，确保学生在参与活动的过程中能够保持良好的心理状态。

丰富的校外活动也是交大实小教育教学的一大特色，依托于学区、高校、园区、社区等社会资源，交大实小的各类小组开放性活动不仅频次高而且形式多样，例如通过以"漂流"为主题的互动式环保艺术工作坊鼓励参与活动的小朋友自行携带可回收或废弃材料，通过剪裁粘贴等进行艺术创作，将其变为富有纪念意义的艺术作品;参观农科院转基因基地,认识转基因食品,了解转基因技术并通过检测试剂自己检测转基因食品;参观交大天文馆,通过天文望远镜观测金星、火星,并动手绘制行星;参观交大植物园,认识植物,收集落叶并制作标本;兰香湖骑行、科创公园郊游……

各类体验式、情景式、交互式的跨学科实践活动,既促进了学生社会化的发展,培养了他们的生活技能、创造力、操作能力,又能引导学生从小树立人与自然和谐共生的生命观、价值观,自觉践行节约能源资源、保护生态环境的绿色低碳理念。通过参与志愿服务、社区服务等活动,学生还能培养社会责任感和公民意识,有助于形成积极的生态价值观。

第三节 "双碳·心理"课程中的心理教育机制

一、构建目标引领下的校本化"双碳·心理"实施方案

交大实小打造"绿色低碳·健康心理"的幸福校园总目标为:以心理课程学习和"双碳"活动实践为主要途径,通过系统、多样的学习活动,帮助学生习得心理健康技能,激发学习动机,提高心理弹性,培养学生的环境敏感度与共情能力,增进绿色低碳幸福感,初步树立造福他人、服务社会和改良世界的人生目标。这一目标在实践中主要通过"双碳·心理"健康辅导课程(见表 2-1)加以落实与推进。

表 2-1 "双碳·心理"健康辅导课程

目　　标	主题	单　元	授课安排
通过参观、探索、实践等活动，了解大自然，正确认识人类、自我，对大自然产生敬畏心、崇高感。	初探敬畏	走进自然 渺小的我 敬畏自然	一至二年级
通过经历、感受、讨论等活动，敞开胸怀拥抱自然，树立生命共同体理念，唤起保护环境、爱护环境的意识。	尊重拥抱	尊重自然 和谐共生 生命共同体	三年级
通过体验、讨论、交流等活动，体会学习的意义，增强对学习能力的认识，激发学习动力和科学家潜质。	创造科学	好奇心 探索欲 想象力 创造力	四年级
通过识别、评估、体验等活动，认识心理弹性，充盈心理能量，培养直面逆境、乐观生活的人生价值观。	直面逆境	尊重生命 发现美好 面对挫折 快乐成长	五年级

　　"双碳·心理"健康辅导课程并不仅仅局限于学校课堂授课，还包括实践探究活动的开展，利用主题综合实践活动时空条件，发挥校外实践教育基地的作用，组织学生走出校门，走向高校、自然、社会，在活动中开展"双碳"体验。

　　交大实小在"双碳"教育推进中还特别设计了绿色"碳账户"系列活动，其中不仅包括了"大手牵小手"，让学生和父母一起打卡的绿色"碳账户"手册，还有"碳"访交大、"碳"寻闵行、"碳"索天地、"碳"秘课堂等系列活动，以及与心理相关的"通通雅雅碳行动之快乐心情"活动。在"碳账户"的各项系列活动中，学生通过参与活动，记录打卡"碳账户"手册，获得相应的"碳积分"，兑换"双碳"章。其中与心理相关的"双碳"章有："好朋友章""减压章""责任感章""成就感章"。("碳账户"以及"双碳"章的其他内容将在本书后续相关章节分别进行介绍。)

以"好朋友章"为例,在学生交往中,由于每个孩子的脾气性格、家庭背景等情况不同,部分孩子会出现交往上的障碍,如活泼好动、外向开朗的孩子喜欢交朋友,但可能情绪不稳定,比较容易受外界影响;内向胆小的孩子可能会因为害怕与外人交流而不敢主动去交朋友,甚至有一些封闭自己;还有一些家长过分宠爱自己的孩子,没有教育孩子正确判断自己的是非对错,导致孩子过分以自我为中心,在交往中显得自私霸道、情绪不稳定。

人际交往是人重要的社会生活内容之一。与同伴相处不和谐会给学生的心理带来极大的困扰。《通通雅雅碳行动之快乐心情——好朋友实践手册》(见表2-2)鼓励学生在"双碳"活动中进行广泛的社交,指导、培养、锻炼他们情绪识别和人际交往的能力,帮助他们掌握心理技能和策略,学会和同伴和睦相处、真诚合作,从而培养其良好的心理素质。

表2-2　《通通雅雅碳行动之快乐心情——好朋友实践手册》
（以一、二年级适用版本为例）

活动内容		用可循环材料设计制作"环保服装"	自我评价（根据你活动时的感受,选出适合的表情符号）
评价标准	情绪感知技能	我能说出让我高兴、悲伤、愤怒和害怕的事。	☺ ☹
		我能通过观察表情,知道别人是快乐、悲伤、愤怒还是恐惧。	☺ ☹

续　表

活动内容		用可循环材料设计制作"环保服装"	自我评价(根据你活动时的感受,选出适合的表情符号)
评价标准	情绪感知技能	我可以知道我何时害怕、愤怒、悲伤或快乐。	☺ ☹
		我知道我的身体能感受到情绪。	☺ ☹
		当不好的感觉袭来时,我知道如何冷静下来。	☺ ☹
		我知道情绪是可以传染的。	☺ ☹
	沟通交往技能	我至少能说出 2 种可以交到朋友的方法。	☺ ☹
		我在活动中有比较亲密的好朋友。	☺ ☹
		当和别人发生矛盾时,我能控制自己,不乱发脾气。	☺ ☹
		我知道与不同的朋友交往要采用不同的形式。	☺ ☹
		我会在小组讨论时说出自己的感受和想法。	☺ ☹
		在小组活动中,我能观察到他人的感受。	☺ ☹
		我知道和朋友在一起学习、比赛和游戏是合作、合群的表现。	☺ ☹

通过活动,学生练习、识别和表达情绪,使他们对情绪情感的觉察、表达和控制技能都得到了相应的提升。小学生在交往

过程中所结识的与自己年龄相仿的同学或伙伴,既是他们学习社会化技能的强化物和模仿对象,又是他们认识自己、发现自己、完善自己的镜像。良好的朋友关系在促进学生健康成长发展中具有成人无法替代的作用。而"双碳"系列活动能为学生提供一个很好的学习和锻炼心理技能的平台。

二、建立"双碳·心理"辅导课程的教学资源库

为了凸显学生主体地位,交大实小整合多方资源,注重实践体验,将"双碳·心理"落实在日常的教育教学实践中,并形成教学资源库。"双碳·心理"辅导课学习材料有绘本集锦《通通自然游记》《雅雅心灵探秘》,教学资源有《低碳绿色心理健康辅导教学案例集》,活动资源有《通通雅雅好朋友实践手册》。这些资源可以让老师们更便捷、规范和科学地开展各类心理健康教育和技能训练。为了让学生在"双碳"活动和交往中更好地习得各项心理健康技能,学校特别开发设计了《通通雅雅碳行动之快乐心情打卡手册》(见表2-3),重点旨在帮助学生在参与"双碳"活动的过程中体验快乐、获得成就感、学习掌握情绪、提升情感技能和社交互动技能。

表2-3　《通通雅雅碳行动之快乐心情打卡手册》部分内容

序号	低碳行动	低碳成就	绿色心情	打"√"
1	用步行或骑行代替开车	减少碳排放:步行或骑自行车不产生尾气,有助于减少城市空气污染。	在户外运动时,我释放了压力,提高心情,增强身体活力。	

续　表

序号	低碳行动	低 碳 成 就	绿 色 心 情	打"√"
2	公共交通出行	减少碳排放：使用公共交通工具可以减少每个人的碳足迹。	公共交通出行减少了驾驶的压力，我拥有了更多社交互动的机会。	
3	家庭中使用节能灯泡	减少能源消耗：节能灯泡比传统灯泡消耗更少的电力。	节能灯泡减少了能源浪费，让我感到满足和自豪。	
4	垃圾分类	减少环境污染：通过垃圾分类，使可回收物得到再利用，有害垃圾得到安全处理。	参与垃圾分类让我感到自己是环境保护的倡行者，增加了责任感。	
5	种植植物	吸收二氧化碳：植物通过光合作用吸收二氧化碳，释放氧气，有助于净化空气。	从事园艺工作使我放松和愉悦，暂时忘记了学习和生活中的烦恼。	
6	节约用水	减少水资源的浪费：通过简单的措施，如随手关闭水龙头，可以显著减少水的浪费。	节约用水的行为让我感到自己在合理利用资源，减少了浪费的内疚感。	
7	共享经济（如书本、玩具）	减少资源浪费：共享物品可以减少个人拥有和使用的需要。	共享促进了我和他人的互动和合作，增强了人与人之间的联系。	
8	减少一次性塑料的使用	减少环境污染：避免一次性塑料难以降解导致长期污染。	避免使用一次性塑料，减少了对环境的负担，让我感到自己在为减少污染作贡献。	

续　表

序号	低碳行动	低碳成就	绿色心情	打"√"
9	自然疗法	减轻压力：花时间在自然环境中，如公园、森林或海边，可以帮助人们放松身心。	自然帮助我减轻压力和焦虑，提高情绪状态。	
10	宣传和倡导低碳行动	传播环保理念：通过教育他人，可以扩大绿色低碳生活的影响力。	传授他人环保知识让我感到自己是有价值的，同时也为环境保护作出贡献。	

绿色低碳生活意味着我们要减少碳足迹，通过节能减排、绿色出行、循环利用等方式，降低对环境的负担。这样的生活方式不仅有助于减缓气候变化，还能为我们创造一个更加清洁、宜居的地球。

这些绿色低碳行为不仅有助于减少对环境的负面影响，而且能通过提供健康的生活方式，减少压力和焦虑，增加责任感和成就感，对学生个人的心理健康产生积极影响。通过这些简单的改变，学生可以在日常生活中实现环境保护和个人福祉的双重目标。

在心理层面，绿色低碳生活能够带来诸多益处。它能帮助学生重新审视自己与自然的关系，意识到保护环境的重要性，从而增强责任感和使命感。这种积极的心态变化有助于缓解焦虑和压力，让学生的心灵得到净化和滋养。

此外，绿色低碳生活还倡导一种简约、宁静的生活方式。在喧嚣世界中，我们常常被各种物质欲望所困扰，导致内心的不安和空虚。而绿色低碳生活则鼓励我们摒弃过度消费，回归简单、自然的生活状态，让心灵找到真正的宁静和满足。

绿色低碳生活还促进了社区的凝聚力和互助精神。在共同追求环保目标的过程中，人们之间的交流和合作变得更加紧密，形成了一种团结、和谐的氛围。这种社区精神不仅有助于解决环境问题，还能提升居民的幸福感和归属感。

总之，绿色低碳生活是一种全面的生活方式改革，它不仅关乎环境保护，更关乎我们的心灵健康和社会的和谐发展。

第三章
绿色低碳行为规范

习近平总书记指出："生态环境问题归根结底是发展方式和生活方式问题，要从根本上解决生态环境问题，必须贯彻创新、协调、绿色、开放、共享的新发展理念，加快形成节约资源和保护环境的空间格局、产业结构、生产方式、生活方式，把经济活动、人的行为限制在自然资源和生态环境能够承受的限度内，给自然生态留下休养生息的时间和空间。"

绿色低碳行为代表着一种简约适度、节俭低碳的生活方式，也是每个人应尽的社会责任。2023 年 6 月 5 日，生态环境部、中央精神文明建设办公室、教育部、共青团中央、全国妇联五部门联合发布了修订版《公民生态环境行为规范十条》，包括关爱生态环境、节约能源资源、践行绿色消费、选择低碳出行、分类投放垃圾、减少污染产生、呵护自然生态、参加环保实践、参与环境监督、共建美丽中国。新时代少年儿童应通过根植绿色行为理念、践行绿色行为规范、完善绿色行为评价，争做绿色生活的践行者、推动者。

少年儿童是祖国的未来，民族的希望，也是生态文明、绿色风尚的有生力量。这个阶段的孩子充满好奇心和求知欲，是培育良好绿色低碳素质和树立正确环境保护意识的关键期。重视行为规范教育，注重绿色环保教学和行为实践结合，有利于启蒙中小学生人与自然和谐共生意识，培养他们正确的环境价值观和良好的环境保护行为。

第一节　践行绿色"新"规范，落之于行

一、在校园大家庭中争做绿色"好队员"

1. "一墙一幕"，用数字科技赋能学生品行

作为一所知名高校的附属小学，多年来，交大实小多源融通，依托上海交通大学各校区、"大零号湾"科技创新策源功能区和江川社区优质资源，不断丰富大思政教育内容，创新育人模式，努力在思政课堂中提升生态文明新意识。交大实小立足学生需求，聚焦"绿色低碳"主题，依托上海交通大学与闵行区"大思政课"建设整体试验区平台，共建共享"双碳"德育"第一课堂"。共建单位为学校"双碳"教育的环境创设、技术赋能、课程引入和活动实践提供有力支持。学校通过"小课堂"与社会"大课堂"的有效衔接，理论"小课本"与鲜活"大教材"的有机统一，教学"小循环"与育人"大循环"的有序协同，让绿色低碳理念在思政课堂中入脑、入心。

交大实小借助智慧教育平台，依托技术赋能，探索出一条德育创新实践的新路径。学校将贴近学生实际的思政课系列资源

上传资源库,使学生在资源教室内就能及时观看学习,提高思政课的实效性。

在技术平台设置中,学校通过双幕布全屏沉浸式设计对教师上课的主屏进行延伸拓展,将更多的资源在不同屏幕中进行展现。在教室环境设计中,学校从"碳"访交大、"碳"寻闵行、"碳"索天地、"双碳"目标、"碳"秘课堂、思政导师团等板块进行布置,构建现实场景式的体验环境,优化思政课的教学方式,在"一墙一幕"中,通过数字赋能培养学生绿色低碳的品行习惯。

"双碳"德育资源教室双幕墙

2. 一言一行,用"绿色行为"润泽绿色童心

校园是学生每天生活学习的地方,它不仅是学生成长锻炼的空间,还是他们品行养成的重要场所。绿色校园中的一花一木,需靠全体学子共同呵护,才会春意常在。交大实小根据班情和学情制定了"校园十无"条例,将绿色低碳理念融入其中,让"绿色行为"润泽童心。

"双碳"课堂教室环境

"校园十无"条例

交大实小还制定了"一日八项常规"：

第一条：关注生态环境。关注环境质量、自然生态和能源资源状况，积极参与学校"双碳"校园文化节活动。关心生态环境信息，学习生态环境科学、法律法规和政策、环境健康风险防范等方面的知识，树立良好的生态价值观，提升自身生态环境保护意识和生态文明素养。

第二条：节约能源资源。关注校园能源使用，随手关灯、关电视。合理设定教室空调温度，夏季不低于 26℃，冬季不高于 20℃。及时关闭电器电源，多走楼梯少乘电梯。人走关灯，一水多用，午餐光盘不浪费。

第三条：践行绿色消费。大手牵小手，选择绿色产品，尽量购买耐用品，使用环保袋，进行书籍漂流、绿色集市等活动。外出自带购物袋、水杯等。对闲置物品积极进行改造利用或交流捐赠。

第四条：选择低碳出行。上学、放学尽量绿色出行。优先步行、骑行或公共交通出行，多使用共享交通工具，家庭用车优先选择新能源汽车或节能型汽车。

第五条：分类投放垃圾。学习并掌握垃圾分类和回收利用知识。各班教室按标志进行分类投放，不乱扔、乱放。

第六条：减少污染产生。尽量不使用纸巾等白色垃圾，提倡使用手帕。纸张双面打印、反复使用。校园内文明行礼，不大声喧哗，避免噪声扰民。

第七条：爱护绿色生态。爱护校园中的一花一树一草，积极参与义务植树，保护野生动植物，不破坏野生动植物栖息地，不随意踩踏草地。积极创建班级"双碳"特色角。

第八条：参加环保实践。积极传播生态环境保护和生态文明理念，参加少先队"15分钟幸福圈""十分钟队会"等活动。传播绿色、低碳理念，并为学校创设绿色、低碳校园做贡献。自觉做生态环境保护的倡导者、行动者、示范者，共建天蓝、地绿、水清的美好校园。

二、在家庭小空间中争做绿色"好主人"

1. "绿色账户"打卡行动兑积分

在家庭小空间中，学生的绿色行为应该与家长携手同行。其中绿色"碳账户"手册的推行让打卡绿色行动成为校园新风尚。为调动学生、家长、社区广泛参与节能减碳，交大实小以"碳账户"手册为切口，鼓励大手牵小手，减少个人碳排放，提高资源利用率，形成零废弃绿色低碳生活方式。

通过"碳账户"手册，学生可以打卡"绿色行动"后换取"绿色积分"，兑换盆栽、书籍等，还有机会和校长一起共进午餐。"绿色行动"包括：

——绿色劳动。例如用废弃果皮制作酵素、制作固碳植物盆栽、用鸡粪种植豆芽等。有的家庭还在自家院子里开展种子育苗，利用自动远程浇灌系统进行植物护理，通过 AI 智能投喂技术开展生态养鱼。每个家庭成员都化身绿色劳动使者，自己种植、采摘、烹煮，通过绿色劳作体验快乐、收获成长。

——绿色运动。家人们一起绿色出行，通过"Citywalk"的形式，打卡"网红"地标，在行走中感悟自然的美好，也用实际行动传递"绿色出行、低碳生活"的理念。学生可以将出行过程记录在"碳账户"手册中。

绿色"碳账户"手册

班级姓名	日期	低碳项目	获得积分
五4班张兆辰和妈妈	4月1日	制作有机酵素液用来给花草和菜施肥	5积分

班级姓名	日期	低碳项目	获得积分
五2班潘一齐及队员	4月8日	小队活动低碳出行日	10积分

绿色"碳账户"手册记录内容

此外，部分家庭还参与绿色主题公益"拾荒慢跑"的活动。这是一种集慢跑和捡垃圾于一身的运动，也是一种家庭式自发性的捡垃圾公益运动，在绿色运动的同时，还可以减少垃圾污染，保护大自然。每一位学生、每一位家长都是城市的守护者和改变者，更是公益的践行者。"拾荒慢跑"让城市变得更加洁净，也让每一位家庭成员身体力行，加入绿色运动、保护环境的队伍中。

——打卡绿色基地。学校发布了"碳寻闵行"绿色地图，每位学生可以利用周末时光，和父母来一场绿色基地的打卡活动。如打卡上海建科莘庄科技园区十号楼、西门子开关国家级绿色工厂、ABB闵行园区、虹桥前湾地区中央活动区低碳发展实践区、浦江郊野公园双碳课程中心、上海交通大学浦江绿谷低碳农业科普教育基地、低碳卫星——航空八院、兰香湖与浦江第一湾、上海米其林轮胎有限公司等。一次绿色亲子打卡活动，既能让学生、家长收获绿色理念，又能增进亲子关系。

——绿色创意。学生和父母一起动手制作创新作品，如一双减油健康筷、用牛奶箱制作的流浪猫狗检测器、废弃纸箱改装的双驱动3WAY垃圾车，还有惟妙惟肖的垃圾投放机器人、天宫空间站等。这些创意作品都散发着绿色低碳的光芒。

2. "绿色家庭"传承家风扬美德

为深入贯彻习近平生态文明思想，充分发挥家校社协同育人的作用，交大实小将"绿色家庭"的创建工作作为家庭教育指导工作中的特色项目进行推进和落实。学校向广大家庭积极宣传《绿色家庭指导手册》，旨在倡导绿色低碳、文明健康的生活方式，希望广大家庭能够积极创建绿色家庭，引导家庭成员树立社会主义生态文明观，共同营造倡导绿色生活的良好社会氛围。参与绿色

家庭创建,要从生活的点滴做起,主要体现在以下四个方面:

——争做绿色家庭理念的倡导者。每个家庭要增强节能减排、低碳环保意识,牢固树立健康生活、绿色生活理念,学习环保知识、传播绿色文化。在日常学习、生活和工作中,争当节能减排、绿色低碳的宣传员,以实际行动影响、带动家庭成员和身边更多的人,养成绿色低碳的生活习惯。

——争做绿色家庭的建设者。每一个家庭成员都要自觉践行简约适度、绿色低碳的生活方式,将绿色低碳理念内化于心,外化于行。这样不仅能节约资源、保护环境,也能为家庭节省开支,一举多得,意义深远。

——争做绿色家庭环境的维护者。每位家庭成员都是绿色家庭的参与者,同时也是分享者和维护者。种植花草,净化、绿化、美化居室和庭院,保护资源环境,抵制并坚决制止破坏或损毁绿色生态环境的不文明现象和行为。

——争做绿色生活的践行者。在全校范围内大力倡导"绿色家庭公约"十件事,每位学生自觉从细微处做起,将绿色生活理念体现到日常生活方方面面:

① 随手关灯、关电源,减少手机待机能耗;② 自觉选购节能高效家电、节水器具等环保低碳产品;③ 实行垃圾减量、垃圾分类;④ 一水多用,做到资源重复回收利用;⑤ 随身自备水杯、餐具,尽量减少一次性用品使用;⑥ 购物使用布袋子、菜篮子,尽量不用塑料袋;⑦ 拒绝过度消费,合理健康饮食;⑧ 厉行节俭,倡导"光盘行动";⑨ 多在户外运动锻炼,多爬楼梯、少乘电梯;⑩ 坚持低碳出行,多乘地铁、公交车,少开机动车。

从自身做起,从家庭做起,共同倡导绿色环保的家庭新风尚，自觉践行新时代家庭观，为建设生态文明城市贡献更多更大的智慧和力量。

三、在社会大课堂中争做绿色"好公民"

1. "15分钟幸福圈"里的绿色之光

在闵行江川社区有一个"绿色光年"环保服务中心，其使命是根植于城市基层社区，通过开展体验式、互动式的系列活动，致力于在社区居民中进行形式多样的公众教育，使环保低碳在老百姓生活中"看得见、摸得着、能体验、会传播"。交大实小少先队以绿色可持续发展的目标为依托，传递可持续发展理念和绿色低碳的价值观，通过"15分钟幸福圈"的活动，在实践中创造沉浸时刻，帮助队员一起走进社区、走进交大、走进生态小院，探索AI，探寻节能技术，感受绿色科技的力量。

低碳科普参观是"绿色光年"的经典项目活动，包括参观环保达人的家和社区、交大中意能源楼、交大生态房"日上江村"、远大世博馆等。交大实小邻近的社区就有全国第一个并网发电的CIGS薄膜民用电站用户。队员们先后组织前往参观学习。大家对于头顶上神奇的"肉夹馍"太阳能板、"养鱼不换水，种花不施肥"的鱼菜共生系统、变废为宝的厨余垃圾、逆变器与充电桩都有了直观与感性的认识，而这些微小的改变都是学生养成绿色低碳行为的积累和实践。

2. "通雅"少年宫里的绿色之家

交大实小"通雅"学校少年宫在课程设置方面紧密围绕学校"绿色低碳"教育，开设了"创意布贴画""叶脉书签""纸艺王国"等动手实践类课程。这些课程不仅蕴含着传统工艺美术的技艺，还融合了绿色低碳的理念。

以"创意布贴画"课为例，课程基于学生的学习需求与学习过程，分为"欣赏理解—设计制作—作品融合"三个阶段。教师让学生先熟悉创作的各种材料，学习国内民间手艺人的经典案例；再将基本的材料进行绿色可持续使用等细节化的制作，并将各种材料进行整合，根据所提供的主题进行实际动手操作；最后让学生根据自身需要，将作品进行二度创作，以此通过不同的创作形式进一步拓展学生的思维能力和综合材料的运用能力。

在"通雅"学校少年宫的课堂上，交大实小通过开展低碳实践、科创赋能低碳教育，让低碳理念融入少年宫课程，鼓励学生践行绿色低碳理念、适应绿色低碳社会，引领绿色低碳发展。

第二节　完善绿色"新"评价，固化于制

一、"双碳"特色章

为切实增强少先队员的光荣感，构建人人可行、天天可为、阶梯进步的"红领巾奖章"评价激励体系。交大实小少年先锋队工作委员会在红领巾星级章的基础上，结合学校"双碳"特色，推出"双碳"红领巾特色章（以下简称"'双碳'特色章"），旨在引领少先队员爱国荣校、绿色低碳，争做绿色小公民。

"双碳"特色章实施原则如下：

——全面参与，鼓励进取。倡导全体队员积极参与"双碳"

特色章的活动。参与就是进步,提高就有奖励,充分调动队员们
参加"绿色争章行动"的积极性和热情。

　　——因地制宜,灵活创新。"双碳"特色章达标内容(见表
3-1)的设计留有充分余地,各中队可根据实际情况,适当调整
达标标准。

"双碳"特色章

表 3-1　"双碳"特色章争章细则

争章内容	达 标 要 求	自评	互评	家长/社区评
一份"绿色"设计	能够自主或与同伴共同设计一份"双碳"特色章 logo，有创意、有理念。			
一盆"绿色"盆栽	主动参与班级"双碳"特色角的布置，为"双碳角"增设一抹绿。			
一张"绿色"地图	与父母、队员打卡城市绿色地标，通过视频、音频进行讲解介绍。			
一个"绿色"创意	为"未来绿色"校园建设出谋划策。想一个金点子、出一个好主意。			

注：评价满分为五棵树

　　——强调教育过程，注重行为培养。达标训练要注重思想意识的培养和行为习惯的养成，引导少先队队员在参与中受教育，在训练中长才干。

　　——注重全面素质，激励发展特点。在突出共性培养的同时，注重鼓励个性发展；在强调全面发展的同时，注重鼓励队员创新实践，积极为绿色校园出谋划策、贡献金点子。

　　——坚持组织教育。针对不同学生的身心特点，系统分层进行组织教育，通过仪式教育、主题队会课、少先队"15 分钟幸福圈"等活动，培养少先队员集体主义精神，增强光荣感和组织归属感。

——坚持自主教育。尊重少先队员主体地位，充分调动队员积极性，鼓励队员自主选择争章项目，自主策划活动，自主争章实践。

——坚持教育合力。整合校内外资源，构建少先队员争章实践平台，鼓励队员走进社会，参与实践。

"双碳"特色章实施程序如下：

——定章：学校少工委公布"双碳"特色章争章内容与要求，各中队对照细则充分宣传推进。

——争章：结合定章，有意识地引导队员开展相关活动，积极争取。

——考章：结合队员表现，通过自评、互评等方式量化评价。

——颁章：各中队汇总，由学校大队委员会统一颁章，盖在《少先队争章手册》。

——护章：颁章后，布置争章园地，开展争章成果展示活动，包括"双碳"章 logo 评比展示、绿色校园金点子评比展示、绿色基地系列微课、"双碳"特色角评比展示等。

"双碳"特色章争章活动是少先队组织中一种非常有效的激励机制，通过设定标准和目标，鼓励学生积极参与绿色、低碳的各种实践活动，有助于他们明确自己的行为方向，包括：一、自我管理——为了获得"双碳"特色章，学生需要自我管理，合理安排时间，完成各项任务。这种自我管理能力是学生行为规范的重要组成部分。二、责任感培养——争章活动要求学生对自己的行为负责，比如按时完成作业、积极参与集体活动等，这有助于培养他们的责任感。三、集体荣誉感——争章活动往往与集体荣誉挂钩,学生为了班级或学校的荣誉而努力,增强了集体荣誉感,促进了团队合作精神。四、良好习惯养成——通过争章活动,学生被鼓励养成绿色健康的学习生活习惯。五、学习兴趣激发——争章活动通过设定目标和奖励,激发学生的学习兴趣和积极性,使他们更愿意主动参与绿色活动,提高学习效果。六、创新能力提升——争章活动鼓励学生在完成任务时发挥创意,培养他们的创新思维和解决问题的能力。七、社会适应能力——通过参与各种争章活动,学生学会如何适应社会规则,提升他们的社会适应能力,为未来的社会生活打下基础。八、价值观树立——争章活动通过设定正面的行为标准,帮助学生树立正确的价值观和道德观,这对于他们形成良好的社会行为规范至关重要。

通过这些方式,"双碳"特色章争章活动不仅能够激励学生养成绿色健康、和谐文明的学习生活,还能帮助他们形成良好的行为习惯和社会责任感,为他们的全面发展打下坚实的基础。

二、"通雅学分币"

"通雅学分币"是与绿色"碳账户"手册搭配使用的活动形式。学生每一次的绿色行为不仅有助于绿色校园的建设,还能将这些绿色行为变成"通雅学分币"存入自己的"碳账户"银行,以此兑换"校园升旗手""红领巾大当家""与校长妈妈共进午餐"等福利。"通雅学分币"能够以量化的方式记录学生每天在校期间的绿色行为,让学生清晰地看到自己的生活方式对绿色低碳环境的积极影响。同时,学生用"通雅学分币"不仅可以兑换自己的心愿梦想,还能为绿色校园的建设出一份力,利己利人。

通雅学分币

三、"家校社一体"凝聚合力向"绿"行

交大实小作为闵行区德育"第一课堂"试点学校,以"双碳"教育作为特色,全方位构建家、校、社"绿色可持续教育"共同体。

学校通过"通·雅"家庭教育工作联盟共同体,不仅将家庭教育指导工作的内容进行拓宽、课程进行延伸,还形成了有效的机制和成效。

一是形成校本家庭教育指导手册《"通·雅"家长智慧手册》，有效指导两千多个家庭正确面对孩子成长的每个阶段中的关键问题和成长需求，并帮助他们营造符合各自家庭氛围的好家风。

《"通·雅"家长智慧手册》

二是通过"通·雅"家庭教育工作联盟共同体项目的系列活动，将家庭教育指导和好家风建设相融合，整合、融入学校特色课程与活动，彰显了学校"高校性""附属性"的特质，让家庭教育逐渐成为学校教育最有力的支持系统。

三是评价系统有成果。交大实小借鉴高校学分制的评价模式，以微信等线上平台作为辅助、推手，通过家长参与家庭教育指导课程的次数、过程性表现、活动反馈等提供学分，评选"学习

年级	主题	家风建设的结论	家教金点子
1	修身立家从"礼"开始	传承美德的和谐家风	礼仪七个字
2	积钱不如教子， 闲坐不如看书。	奋进笃行的勤学家风	言传身教营造读书氛围
3	海菜花开 共产党人治海的故事	低碳环保的绿色家风	打卡绿色行动
4	廉洁的你，幸福的家	淡泊清廉的勤俭家风	一第一饭当知来之不易
5	弘扬科学家精神： 以钱学森为例	饮水思源的爱国家风	讲好科学家故事， 树立目标脚踏实地。

好家风建设主题

型""创新型""服务型""最美型"家庭称号。学校通过鼓励学生与家长一起晒劳作、晒成果、晒自信、晒成长，让好家风建设"动"起来，最终形成多元有效的活动评价，创设积极主动的绿色家庭学习氛围。

四、绿色低碳班级成长日志

班级文化创建是班级建设的核心所在。这是因为班级文化承载了班级价值导向与精神追求，不仅直接影响了学生为人处世的原则，还影响着班级的班风与学风，进而影响了班级的凝聚力、执行力。在"文化治班"的路上，交大实小尝试借助班级日志，对标绿色低碳管理公约，助推班级绿色低碳文化建设，促进学生在品格养成中实现低碳意识与生态文明素养的培养。

交大实小的班级成长日志先后从同学之间的相互"记账版"

走向努力改进行为与提升学习成绩的"目标版",最后发展为健康关怀的"激励版"。班级日志是为了帮助孩子们记录他们的精彩、纯粹而又充实的校园生活,但如果只停留在行为常规管理层面,就会沦为相互记账的"江湖恩仇录"。因此,在记录生活的同时,教师应引导学生写下自己对问题的思考,以及生活感悟、心路历程等,给学生提供平台,让心灵碰撞心灵,让思想交换思想。后来,随着绿色低碳校园活动的推进,学校听从学生们的建议,不断完善日志结构,增设成长寄语、班级正能量、班级大(趣)事记、低碳先锋、班级建议等内容版块(见表 3-2),实现了激励同学进步,记录低碳生活,交流思想情感,树立先进榜样,培养具有生态文明的主人翁意识等多重育人目的。

表 3-2 绿色低碳班级成长日志模板

班级_____ 日期:___年___月___日 第___周 星期___
值日:_____ 监记:_____

日志栏目	日志话语	填写说明
成长寄语		分享有教育、启发、激励意义的一句或一段话。内容可自创、可摘抄。通过寄语的分享,起到帮自己和同学找到动力,明确方向的作用。
班级正能量		观察、感受学习与生活中的美好,发现、记录班级中的好人好事,让班级里的真、善、美的成为大家学习的榜样。

续　表

日志栏目	日　志　话　语	填　写　说　明
班级大（趣）事记		记录当天班级发生的大事、趣事，绘制班级发展历程，形成班级成长生命线。通过记录校园生活的大小活动、重要节点，形成班级专属的校园记忆。
低碳先锋		对照绿色低碳管理公约，发掘班级里体现生态文明意识与低碳环保的人与事，记录绿色低碳的学习与生活行为。
班级建议		积极发现班级与校园生活中的问题，及时向班级、学校反馈。
班主任批阅		根据学生的记录予以审核、批阅，并及时反馈、传达。

绿色低碳班级成长日志活动的开展，推动学生关注生活、体验生活、感悟生活，提升共情能力，承接了绿色低碳管理公约的践行，开启了低碳奖励账户的创建，实现了绿色低碳公约倡议、管理日志、监督机制协同育人的路径。

第四章
绿色低碳课程教学

　　交大实小自 2022 年 9 月起，全体学生每周都有一节"双碳"课。学校与上海交通大学中英国际低碳学院、上海市能源研究会、上海德智体美教育科技股份有限公司等校外专业机构合作，针对学情特点联合组建教研团队，开发"双碳"系列课程，鼓励学生积极参与面向可持续发展的决策与行动，成为有社会实践能力和责任感的公民。在课程的开发与实施中，学校也锻炼教师队伍，倡导"绿色、低碳、安全、健康"的教育理念，致力于培养担当民族复兴大任的时代新人。

第一节　"双碳"课程的顶层设计

　　"双碳"课程的设计和实施过程需要有全局思想和系统思维，站高望远，从"人与自然生命共同体构建"的责任意识出发，融通校园生活、课程开发、课堂教学、综合活动、家校社联动等方面，全方位打造和培育负责任、有担当、会创造的未来公民。

一、课程意义

基于国家战略发展视角：在中小学校开展"双碳"主题教育系列课程，提升学生生态文明素养，是深入贯彻习近平生态文明思想、准确理解新发展理念的有益实践。了解实现碳达峰、碳中和是一场广泛而深刻的经济社会系统性变革，对我国建设人与自然和谐共生的社会主义现代化强国具有重要战略意义，是学校开展素质教育的重要内容，也是健全生态文明教育体系、培养生态文明时代新人的具体举措。学校教育需要对接时代发展要求，站在育人立场上，研究学生的生活世界、学习世界，推动形成可持续发展理念下的多主体共同参与、多要素动态平衡、多领域协同发展的体制机制。

基于学校教育发展视角："双碳"课程的设计与实施可以培养学生对节约资源和保护环境的情感，增强学生对社会的责任感，改变对环境的不可持续行为和生活方式，培养中小学生的忧患意识和可持续发展的观念，树立正确的能源观、价值观和发展观，促使他们从关心身边的环境问题入手，积极采取行动，共同创造可持续的未来。这对我国建设人与自然和谐共生的社会主义现代化强国具有重要战略意义，是学校开展素质教育的重要内容。

二、课程目标

学生能从"双碳"课程的学习中多接触社会生活及大自然，并从中获得丰富的实践经验，形成并逐步提升对自然、社会和自我之内在联系的整体认识,形成价值体认、责任担当、问题解决、创意物化等方面的意识和能力。引导学生关注家庭、社区、国家和全球面临的环境问题,正确认识个人、社会和自然之间相互依存的关系;让学生通过实践探究获得人与环境和谐相处所需要的知识和技能,养成有益于环境的情感、态度和价值观;鼓励学生积极参与面向可持续发展的决策与行动,成为有社会实践能力和责任感的公民。

（一）价值体认

（1）关爱自然,尊重生命,积极参与团队项目,亲历低碳生活。

（2）关爱和善待他人,能积极、平等、公正地与他人合作,主动分享与交流,尊重不同的观点与意见,尊重文化的多样性。

（3）意识到公民在"双碳"方面的权利和义务,有建设可持续未来的愿望。

（4）关注环境,积极参与低碳相关实践体验,发展兴趣专长,形成积极的劳动观念和态度,做有责任感的公民,具有初步的生涯规划意识和能力。

（二）责任担当

（1）观察并分析周围环境的状况及其变化,识别家庭、学校和社区中的环境问题,并设计、实施和评价解决方案,开展力所能及的社会服务,养成低碳环保的生活习惯。

（2）愿意参与学校减碳活动,增强服务学校的行动能力。

（3）初步形成探究社区低碳问题的意识,愿意参与社区服务,初步形成对自我、学校、社区负责任的态度和社会公德意识。

（4）初步具备环境保护法治观念。

（三）问题解决

（1）理解人对环境的依赖，反思个人生活对环境的影响，学会提出有价值的问题。

（2）能将"双碳"问题转化为有价值的研究课题，学会用科学方法开展研究。

（3）了解自然环境和生态系统的结构、功能和演化过程。

（4）分析和理解经济技术、社会生活、政策法律与环境之间的相互作用。

（5）了解公民参与保护环境的主要途径和方式，并对比其效果。

（6）运用所学知识理解与解决部分"双碳"问题，并做出基于证据的解释，形成基本符合规范的研究报告或其他形式的研究成果。

（四）创意物化

（1）运用一定的操作技能解决生活中的减碳问题，将一定的想法或创意付诸实践。

（2）通过设计、制作或装配等，制作和不断改进较为复杂的减碳制品或用品，发展实践创新意识和审美意识，提高创意实现能力。

（3）通过"双碳"主题信息技术的学习实践，提高利用信息技术进行分析和解决问题的能力以及数字化产品的设计与制作能力。

三、课程内容

"双碳"课程内容设计（见表 4-1、表 4-2）分为知识营、体验营、分享营,旨向知识普及、实践体验、分享创造三维度的学生综合素养培养。课程实施过程关注"内容、情境、活动、项目"四要素,主要遵循"一个中心+5D"的学习路径,即以"学习者中心",以运用多学科知识解决实际问题的"5D"学习路径,包括"生活联想(Dream)—问题发现(Discover)—设计思考(Design)—实践体验(Do)—同伴分享(Deliver)",主要以项目化学习的方式推进学生的"学"与教师的"教",旨在培养学生创造性思维、批判性思维、探究与问题解决、合作等重要的跨学科素养。

表 4-1 "双碳"课程内容设计(第一学期)

课时	板块	课题	内容
1	知识营	什么是"双碳"	学习关于环境问题的报告
2	体验营	环境保护我倡议	阅读社区环境倡议书
3	知识营	生态固碳	森林树木固碳、水生态固碳、土壤固碳、微生物固碳
4	分享营	双碳知识面面观	知"双碳"、说"双碳"、行"双碳"
5	知识营	我家的环保菜单	认识家庭用品的环保标志
6	体验营	流浪垃圾找新家	了解垃圾分类及再利用
7	分享营	低碳生活指导手册	认识低碳行为
8	知识营	低碳交通方式	了解新能源交通工具
9	体验营	设计低碳交通路线	上海自然博物馆之旅

续 表

课时	板 块	课 题	内 容
10	分享营	一日小导游	上海一日游景点打卡
11	知识营	碳交易理论1	"双碳"标准计量体系
12	知识营	碳交易理论2	电力能源体制改革现状调查
13	知识营	碳交易理论3	高耗能产业发展与能源核算调查
14	知识营	低碳产业调查	了解大气环境与温室效应
15	体验营	碳排量测量	测量郊野公园与吴泾热电厂二氧化碳排量
16	分享营	小公民致信大工厂	提出低碳建议
17	体验营	碳交易	参观上海环境能源交易所
18	分享营	碳交易市场	模拟碳交易活动
19	体验营	郊野公园低碳行	低碳音乐会
20	分享营	我为低碳出份力	低碳分享会

表4-2 "双碳"课程内容设计(第二学期)

课时	板 块	课 题	内 容
1	知识营	生物圈里的低碳小秘密	认识我们生活的生态系统
2	知识营	植物也吃肉	了解植物生存的艺术
3	知识营	动物的绝技	了解动物神奇的能力

续　表

课时	板块	课　题	内　容
4	分享营	了不起的"地下工作者"	认识地下生物(蚯蚓)
5	体验营	认识校园生物	了解生物多样性
6	体验营	海洋世界探索之旅	认识食物链、食物网
7	分享营	生态平衡被破坏	认识物种数目在减少的现状
8	分享营	濒危物种我知道	探讨物种灭绝的原因
9	知识营	保护生态多样性1	菌类与微生物探究
10	知识营	保护生态多样性2	水生态系统修复实践
11	分享营	树立可持续发展观念,认识保护环境之责任	制作低碳海报
12	分享营	"交小娃"低碳行动方案	制作行动手册
13	分享营	美化城市出妙招	提出美化城市的建议
14	体验营	低碳生活小调查	了解不同生活方式对环境的影响
15	分享营	做个绿色生活家	制作"我家的绿色账单"
16	知识营	做个绿色工厂主——棋牌类游戏	了解游戏中的低碳知识
17	体验营	做个绿色环保卫士	了解塑料相关知识
18	体验营	一双巧手慧"双碳"	制作低碳文创产品
19	分享营	低碳产品乐分享	低碳文创产品展示发布会
20	分享营	低碳课程学习小结	低碳生活小论文

四、课程评价

(一) 评价形式

评价是课程实施的重要一环。评价的原则以课程目标为依据，采用多元评价模式，并将自评、互评、师评结合起来，体现为评价表(见表4-3)。在自评阶段，学生可以根据评价内容进行自我评价打分；在互评阶段，各组学生对本组的成员进行逐个评价打分；在师评阶段，教师根据学生学习表现对各组成员进行评价。

表 4-3 "双碳"课程学习评价表

评价指标	评价等级及标准			评价方式		
	优秀 A	良好 B	需努力 C	自评	互评	师评
参与程度	积极举手发言，积极参与讨论与交流。	能举手发言，有参与讨论与交流。	少有举手发言，较少参与讨论与交流。			
小组合作	积极参与团结合作，在小组中起领导作用，吸收接纳并能给出建议。	参与协调，推动整个小组的合作，鼓励其他成员，对最终成果有一定贡献。	很少参与组内合作事项，大部分只是旁观。			
创新情况	学习中有明显的创新意识，并且能够在成果中实现。	学习中有一定的创新意识。	学习中缺少一定的创新性。			
学习态度	能刻苦钻研，积极主动交流、思考回答问题，独立完成任务。	能认真听讲，参与交流，努力完成自己的任务。	能认真听讲，在同伴帮助下完成任务。			

续　表

评价指标	评价等级及标准			评价方式		
	优秀 A	良好 B	需努力 C	自评	互评	师评
自主探究	有强烈的求知欲，不断提出问题，并努力寻找答案。能在遇到问题时独立寻找解决办法。	能够提出问题，在遇到问题时自己进行探究或与同伴讨论寻求解决途径。	能对遇到的问题进行一些探究，但缺乏毅力，喜欢依赖同伴。			
综合评定						

（二）评价意义

（1）突出发展导向。坚持学生成长导向，通过对学生成长过程的观察、记录、分析，促进学校及教师把握学生的成长规律，了解学生的个性与特长，不断激发学生的潜能，为更好地促进学生成长提供依据。

（2）做好写实记录。指导学生客观记录参与活动的具体情况，包括活动主题、持续时间、所承担的角色、任务分工及完成情况等，及时填写活动记录单，并收集相关事实材料，如活动现场照片、作品、研究报告、实践单位证明等。

（3）建立档案袋。指导学生分类整理、遴选具有代表性的重要活动记录、典型事实材料以及其他有关资料，编排、汇总、归档，形成每一个学生的综合实践活动档案袋，并纳入学生综合素质档案。

（4）开展科学评价。依据"双碳"课程目标和档案袋，结合平时对学生活动情况的观察，对学生综合素质发展水平进行科学分析，写出有关综合实践活动情况的评语，引导学生扬长避短，明确努力方向。

第二节 "双碳"课程的实施机制

"双碳"课程的实施具有长程性、跨领域性、综合性以及文化渗透性。除了课程本身，课程实施还需要系统的机制保障，将学习内容与学生生活勾连，从培育时代新人的角度出发，整体系统重构，形成融自然、科学、社会、人文为一体的育人环境。学校课程管理则重点通过合力联动机制、生长推进机制、评价激励机制来保障"双碳"内容真正地培育学生综合素养，焕发师生的生命活力。

一、合力联动机制：实现综合融通

针对部分学生的学习生活相对单一，不同学科知识间的边界割裂、课内与课外学习时间割裂、校内与校外的学习空间割裂、校内知识学习与校外日常生活的应用割裂等问题，交大实小在设计"双碳"课程内容时特别关注学生纵向综合能力发展水平和横向人文精神培育的发展，让日常生活成为课程开发和落地的核心。因此，课程实施的管理机制就要打破边界，打破思维的局限，让实施主体进行多维、多元、多向交互，各自发展又共同作用于师生共同的校园生活。

在宏观层面，整体打造"双碳"课程管理架构。整体资源保障由校长室直接负责，形成基于学校自身办学理念和已有研究基础、具有各自鲜明特色又有交互共生内容的设计规划。

在中观层面，由学生成长部、课程教学部、特色项目部形成"综合融通合作组"。各领域负责人从自身领域出发，从整体架构入手，多方协商，突破部门、领域、学科、时空、资源的限制，进行分领域细化，再重组形成高度整合的具体实施计划。

在微观层面，由各年级组、各教研组、各班级建设团队的教师作为学生"成长关键人"，从自己的领域、学科出发，创造性地开展与之相应的班级教育活动、学科拓展活动以及家校社活动，在不同学科、不同时空、不同运用维度中提升融通性和综合性。

整体而言，合力联动机制保障了"双碳"课程实施的综合融通，让学生能将自身的学习世界与人类生命发展建立起真实的、不同层次的、不同侧面的关联性，推动教育与生活相融共生的可持续发展。

二、生长推进机制：实现有机丰富

针对"双碳"课程内容本身，学校需要思考各内容间的关联、内容与学生生活的关联、内容与社会生活的关联，让"双碳"课程的育人价值在深度和宽度上拓展，最终让学生主动地参与实践、参与创造。

首先，关注"双碳"学习内容与学生校园生活的联系，关注每一个学习内容板块对学生的知识、能力、情感维度的提升，形成综合整体的育人效应；其次，从多个维度考虑同一内容对于不同年段学生的作用：每一学期不同年级学生不同在哪？相同在哪？保留了什么？延伸了什么？学生丰富了什么？学生成长在哪里？收获了什么？最后，关注同一个年段的学生在不同维度的课程内容学习中综合素养的提升程度。

在校园之外，学生的低碳生活应该有更加广袤的空间，其构建主体也不再只是学校、教师和学生，而应该加入家庭、社区的资源，让学生的低碳生活打破时空边界，呈现多种资源的灵活运用，让学生成长于天地之间。我们需要让学生学习放眼社会和国家、学习认识世界，因此，课程内容的设计可以走出学校、走向社会，同时学习资源可以让多主体共同参与，多领域协同跟进。

三、评价激励机制：实现成事成人

基于"双碳"课程丰富的育人价值，课程评价激励机制的建设是维持课程机制统一性的关键环节，也是促成教师团队发展的重要环节。这一机制建设应关注以下三个方面。

一是策划主体的重心下移，注重个体创造。已有的管理经验告诉我们，学生活动中教师的"等、靠、要"状态严重影响了活动效能：往往顶层设计很光鲜，落实下去就走样；学校中层团队发展了，教师个体却落伍了。因此，评价激励机制需要落实到具体教师个体的创造上。在此基础上，学校首先需要关注教师个体的主动参与性；其次关注各年级间策划的年段性；最后关注学科间的融通性，发挥整个教师团队作为学生成长的第一关键责任人意识。

二是实施过程的动态调整，注重过程指导。有了好的策划，还需要积极去落实，因此评价激励的又一个关键是关注过程评价。由于教师个性特长不同，在活动实施中管理团队需要有预见性和敏感度，具体体现在：充分给予教师自主创造基础上有效纠偏的空间；鼓励老师发现问题并及时在过程中有效反馈；定期就普遍问题进行集体讨论，互相给力、借力。

三是课程质效的多元评价，注重经验提升。管理团队通过过程观察明确每节课程鲜明的优点和突出的问题，在分享会前部署好交流教师对象，以成长论坛的方式呈现，交流侧重的目标主要分为对活动本身的评价、对学生的发展评价以及对教师发展状态的评价。通过分享，实现前一季活动对后一季活动完善和推进的作用。

这套评价激励机制从人的发展的角度去设计和构建，通过评价促使教师自觉反思日常化，实现教师的主动进步。

综上所述，各方面机制相互作用，共同促使"双碳"课程目标理念内化为行为实践，最终助力于"双碳"课程的落地。

第三节 "双碳"课程的 个案研究

交大实小在进行"双碳"课程之"流浪垃圾找新家"教学实施时，以项目化形式推进学习行动，让学生在项目学习过程中探究、服务、制作、体验，综合运用各学科知识，认识、分析和解决现实问题，从而深化关于垃圾分类的知识与体验，养成垃圾分类、变废为宝的科学生活意识与习惯,逐渐培养小事从我做起的社会责任感。

一、实施背景

垃圾分类已进入法律"护航"时代,党的十九大报告明确提出"加强固体废弃物和垃圾处置"。2017 年,国务院办公厅转发国家发展改革委、住房城乡建设部《生活垃圾分类制度实施方案》。上海市也先后出台《关于进一步加强本市垃圾综合治理的实施方案》《关于建立完善本市生活垃圾全程分类体系的实施方案》等文件。可以看出,垃圾分类势在必行。让垃圾分类"从娃娃抓起",让学生从小学习科学的垃圾分类知识,养成自觉为地球垃圾减量和资源化的行为习惯,已经成为科学教育的重要内容之一。

基于上述社会需求,并结合学校特色,交大实小通过"垃圾分类"这一主题,面向学生的个体生活和社会生活设计课程,使学生在科普活动中获得关于自我、社会、自然的真实体验,建立学习与生活的有机联系。

本课程活动在开发设计时,注重让学生在探究、服务、制作、体验中综合运用各学科知识,认识、分析和解决现实问题,提升科技综合素质,着力发展核心素养,特别是创新精神和实践能力。

二、实施过程

(一)普及性的科普活动

设置普及性学习,是为了改变学生以单纯地接受教师传授知识为主的学习方式,为学生构建关于"垃圾分类"的开放学习环境,提供多种获取科学知识的渠道,促进他们形成积极的学习态度和良好的学习策略,主要成果体现在以下三个方面。

一是构筑"垃圾分类"校园科普环境。交大实小利用学校广播、升旗仪式、低碳宣教栏以及各班的"电子班牌"、校园的"电子滚动屏"宣教垃圾分类知识,利用校本化的生活垃圾分类指引宣传册等多种途径构筑垃圾分类校园文化环境。学校还为学生印制《垃圾分类知识读本》,不仅引导学生自主学习,还启发学生加强垃圾分类的意识。

校园低碳宣教栏中关于垃圾分类的内容

二是开设"垃圾分类"学科自主讲堂。引导学生跳出知识技能简单习得的圈子,从生活情境中发现问题并去解决问题。围绕"流浪垃圾找新家"这一主题,相关课程让学生从学科领域出发,生成问题,形成小的探究课题,并把科普结果以学科讲堂的形式向同学汇报。

学校倡导学生到生活发生的地方进行现场科普研究,让学生用自己的眼睛看世界,用自己的耳朵倾听世界,用自己的心灵感受、体验、探究垃圾分类。通过学科渗透、多学科专题探究设计,等方式,相关课程推进了垃圾分类教育日常化。

学校还鼓励学生们放眼社会、放眼全球。通过参加校园实践活动,学生们走出校园,与上海兴冬环保科技有限公司等高新企业的技术员面对面,了解"互联网+垃圾分类"的运作模式,并探究"智能垃圾回收站"受欢迎的"秘密"。

学生们还通过问卷研究社区居民对于垃圾分类知识的掌握情况。他们甚至翻开小区里的垃圾桶,看看小区垃圾桶里的分类处理情况。一些学生利用互联网进行考察,对其他国家的垃圾分类情况进行了解:日本的宾馆里基本不提供一次性用品;在美国要扔电子产品需送到专门回收中心,或者预约专人上门回收……各小组形成社会实践报告,利用大量的数据、图片和故事,交流、分享了他们的感受。

(二)跨学科的科普活动

在学习过程中,教师引导学生主动运用各门学科知识分析解决垃圾分类的实际问题,在"动手做""实验""探究""创作""反思"等具体环节中使学科知识在科技实践活动中得到延伸、重组与提升。交大实小结合多门学科展开尝试,以下略举几例。

融合自然学科——以走班课程形式定制"流浪垃圾"小学堂。交大实小作为"交大—江川"学区的联合体成员校,参与了

"垃圾分类"特色课程的共享。区域内教师的校际流动让学生在学校和社会的互动过程中更好地享受优质均衡教育的新模式。来自不同学校的教师为学生带来一堂堂新颖、有趣、风格迥异的垃圾分类主题探究型科学课程。学生们在学习中探究，在探究中收获，让垃圾分类理念、知识、基本规范深入心田。

融合美术学科——学生挥动彩笔，绘制"流浪垃圾"吉祥物。学生们踊跃参与主题比赛，积极投稿，全校共收到参赛稿件 388 份。经过教师评审团与学生代表的第一轮筛选，有 12 幅候选作品脱颖而出。这些吉祥物造型多样，形态可爱。小作者们还将"环保""回收"的理念融入设计中。经过微信投票等方式，社会各界评选出了本次吉祥物形象设计的各类奖项。

"流浪垃圾"吉祥物设计比赛部分获奖作品

融合 STEM① 课程——通过项目学习设计"流浪垃圾"分类箱。在 STEM 课程中，通过有效地融入低碳环保理念，老师与学生一起动手，选择合适的生活废弃物，为"流浪垃圾"找新家。交大实小少年们用自己的巧手为班级制作了分类垃圾箱。学生

_____

① STEM 即"science"（科学）、"technology"（技术）、"engineering"（工程）、"mathematics"（数字）四个单词首字母的组合。

在实践中意识到，垃圾分类的践行不仅要注重实效性，还要有创新思维，只有这样，才能更好地攻克垃圾分类的难题。

融合信息技术——运用技术助力创作"流浪垃圾"电子报。三年级的学生将在信息技术课中学到的技术例如插入照片、打

"流浪垃圾"电子报作品

字、绘制图片，运用在设计垃圾分类的电子报中。学生们创作的一幅幅作品赏心悦目，同时也用电子报的形式展现了他们从"垃圾分类"这一主题出发，从"认识世界"走向"我能做什么"，从"他人教会了我什么"走向"我为他人做什么"。

融合体育学科——创设情境，开发"垃圾找家"小游戏。在各年级的体育课上，为了让学生更加了解垃圾的分类方法，老师们创设"流浪垃圾找新家"的情境，精心设计了趣味游戏，用纸篓做成一个个分类垃圾桶，将垒球贴上各种垃圾的名称。一件件"流浪垃圾"在少年们的手中被投入了正确的"垃圾桶"。"流浪垃圾"不再流浪，找到了属于自己的家。

（三）项目化的科普活动

学校引导学生参与具体项目，在全身心参与活动的过程中发现、分析和解决问题，体验和感受生活，发展实践创新能力。

例如，每周一中午是校园里分类垃圾智能回收站最热闹的时候——学生们从家里带来整理出的四类垃圾（分别是"废旧衣物""废旧书刊""饮料瓶""电子废弃物"），根据分类投入对应的回收箱，以实际行动践行垃圾分类。

又如科技课程中围绕厨余垃圾展开的科普项目。科技老师们在讲述有关植物的知识时告诉学生哪些属于厨余垃圾，让学生在生活中正确辨别厨余垃圾与其他垃圾，并指导学生以小组为团队，推选出组长，由组长带领组员收集厨余垃圾制肥的材料，学会科学处理厨余垃圾的方法。学生每日对制作过程中的厨余垃圾进行观察，了解垃圾发酵过程变化，做好照片、数据及文字的记录，并在小组间进行交流。教师引导学生对使用厨余垃圾与没有使用厨余垃圾施肥的蔬菜进行对比分析，明确厨余垃圾对帮助庄稼生长的有效程度,鼓励学生利用厨余垃圾施肥。

再如,学生们利用课余时间找来生活中的各种废弃物,动手拼搭、缝制、装配,做出一件件精致的手工艺品。孩子们在周末统一设摊,将精心制作的手作进行义卖,将换来的善款捐给贫困儿童。垃圾变成了资源,垃圾转化为爱心,践行垃圾分类有了更深的价值与教育意义。

(四)一体化的科普评价

学校强调在科技实践活动中将开发、实施与评价融为一体,形成不同阶段、不同视角的科普实践活动评价内容与策略,使之成为高度激发学生进一步学习实践垃圾分类的评价工具,例如以下三种评价活动。

一是知识竞赛中的评价活动。在进行了一系列的垃圾分类科学探究实践后,学校对全校三至五年级学生进行了一次垃圾分类知识的测试,由年级组评出个人一、二、三等奖,以班级平均分决出团体优胜奖,在升旗仪式上为"垃圾分类知识小达人"和"垃圾分类知识优秀班集体"举行了隆重的颁奖仪式。

二是作品评选中的评价活动。学生们自行设计并制作了各种材质的分类垃圾箱。经过学校的初赛选拔,一部分优秀的作品被送到街道,参加"创意垃圾桶制作"大赛。

三是展示交流中的评价活动。学生将学到的垃圾分类知识带到家庭、社区。学生与家长、邻居一起利用厨余垃圾种植盆栽花卉,并送到班级的生物角,美化教室,由此大大增强了将生活垃圾分类进行提取、二次利用和循环使用的意识。一批精美的展品被用来布置校园的画廊和展厅。亲子合作参与低碳环保活动,展现了校园健康文明的科普风貌和艺术风采,提升了校园绿色低碳科学品位。

三、项目成效与反思

经过总结,学生在上述的垃圾分类主题实践活动中主要有以下四个方面的收获。

一是逐步体认"垃圾分类"的价值。学生通过亲历、实践垃圾分类的各项活动,获得有意义的科技体验,明晰价值取向,形成绿色环保价值理念,并积极转换成科普行为,让科学生活的理念有效地落实在其中。

二是勇于担当"垃圾分类"的责任。通过围绕日常生活开展垃圾分类,学生能处理生活中的常见垃圾,初步具有积极参与学校和社区生活垃圾分类的意愿,学会关爱他人、服务社会、保护环境,从而有效地树立社会责任担当。

三是学习尝试解决"垃圾分类"的问题。"垃圾分类"这一主题源于社会生活的问题。在一系列科技实践活动中,学生走进现实生活,并围绕个人感兴趣的领域展开广泛的科学探索,逐步形成对垃圾分类问题的初步解释以及解决问题的策略与方法,体现了不同学段学生对科学问题解决能力的递进式发展。

四是形成创意设计的物化成果。动手与动脑结合才有创造。在此次课程学习活动中,学生围绕"垃圾分类"这一主题,让动手与动脑结合。无论是变废为宝的小小艺术品,还是多功能垃圾箱,又或是"流浪垃圾"吉祥物的设计等等,都旨在促进学生开动脑筋,将创意和想法通过动手操作与实践付诸实现,以解决现实生活世界中的科学问题,追求将科学价值、科学动机、科学思维、科学技术、科学方法与科学成果有机联系,提升创新实践能力。

不过,相关活动和课程设计也有值得反思之处。

如何基于学生可持续发展的要求,设计长短期相结合的活动,处理好学期之间、学年之间、学段之间活动内容的有机衔接与联系,使活动主题向纵深发展,使活动内容具有递进性,并拓展活动范围,构建活动主题序列,促进学生科学素质的持续发展,值得再思考并深入研究其顶层设计。

此外,目前对学生的评价只限于各类垃圾分类作品展示评价以及评选活动先进学生等形式。目标达成既需要评价测量,也需要评价促进。因此,要对学生在科普活动过程中的表现和核心素养发展状况进行综合评价,把评价过程变成促进学生科学素养发展的过程。

第五章

绿色低碳科创活动

青少年是未来碳中和世界的主人和建设者,学校是青少年成长的摇篮。近年来,科技创新正成为实现低碳的重要风帆。交大实小通过丰富多彩的校园绿色低碳科创活动,将绿色低碳的种子播种在学生们的心中,让这颗种子在老师们的精心呵护下发芽、开花、结果,从而开启绿色低碳校园生活,并带动科技创新,共创绿色低碳新思路。

第一节 "双碳"主题校园科创活动形式

一、"双碳"主题实践活动

（一）"双碳"十分钟队会

为了帮助学生们对"双碳"有系统的认识,学校利用十分钟队会的时间,开展"双碳"知识小课堂,从"什么是'碳达峰''碳中和'？""我国为什么要提出'双碳'目标？""低碳发展的三大效益"

及"实现碳中和,我们能做点什么?"等几个方面进行了介绍。

在逐步推进的学习中,学生们对"碳达峰""碳中和"有了一定的认识,了解到全球变暖问题引发的自然灾害以及生态环境破坏的不可逆转性,认识到了低碳发展的社会效益和经济效益,纷纷表示碳中和目标的实现和每个人都息息相关,每个人都应该为碳中和、碳减排贡献自己的力量,如植树、改变出行方式、不使用一次性用品、推广清洁能源等等,做到减排、减欲、减污、减速、减负。在课堂分享中,同学们畅所欲言,围绕设定"双碳"目标的原因、碳达峰与碳中和的概念、实现"双碳"目标的意义、实现碳中和的途径和方法等问题展开了热烈的讨论,倡导简约适度、绿色低碳、文明健康的生活方式,以在日常生活中实现低碳环保。

(二)"双碳"小队活动

在对"双碳"有了初步认识之后,学生们纷纷通过小队的形式,深入开展各项"双碳"活动。

有的小队走进交大 E 谷(上海交通大学电子信息与电气工程学院教学发展与学生创新中心),开展了"以'碳'为名,向绿而生"的活动,了解了国内外能源的发展,以及风电、光伏等新能源的基本发电原理;综合能源系统的构成等等前沿知识。学生们争先恐后回答与"双碳"相关的问题,对标自己的生活,进而从节电、节气等细节来改变生活习惯,养成减少二氧化碳排放且低能量、低消耗、低开支的生活方式。现场沉浸式的互动体验让节能环保理念深入人心,更让同学们了解到实现"双碳"目标需要让节能环保成为习惯,并付诸行动,共同构建和谐美丽的绿色家园。

（三）"双碳"微课

交大实小师资团队围绕衣、食、住、行四个版块，制作了十节"双碳"微课，将碳账户计算、碳普及知识问题制作成小程序，方便师生在资源教室里互动学习。该微课充分利用央视和人民教育出版社的优质资源，确保资源的权威性、科学性、丰富性，提升思政教育的实效性，并在闵行区德育"第一课堂"中面向上海"大思政课"建设整体试验区（上海交通大学—闵行区）进行了展示。课堂通过技术资源沉浸式支持、教室环境主题式浸染、思政导师专业式启发，构建了现实场景式的体验环境，优化了学习方式，在"专"与"德"中帮助学生树立正确的世界观、人生观、价值观。同学们带着自己的科创提案来到课堂，一起聆听中国工程院院士、上海交通大学原副校长黄震的寄语。

（四）植树活动

植物的叶片吸收大气中的二氧化碳，通过光合作用释放氧气并锁住碳，形成树干、树枝、树叶和根——一座坚固的"碳塔"。直到树木最终死亡、腐烂或被烧毁，枯枝落叶中的一些碳进入土壤并长期储存在那里，使得整个森林生态系统成为重要的碳储存库。这是学生们利用课后时间自己了解到的知识，进而交大实小为学生提供了在校园中植树的机会。

比如，在植树节就有同学积极参与了植树活动。在专业人员的指导下，同学们认领了专属小树苗，并学会了种植树木的方法：用小铲子挖出一个比根球大四到五倍的坑，为树苗提供无压力的生长空间；中间留下一小堆土，方便根直立；小心翼翼地把树根放到坑里，和小伙伴合作，一人扶着树木，一人往坑里填土；填土之后，还要将土踩实。

交大实小学子还可以在校内的场地体验种植、动手实践;播种梦想,涵养勤俭、奋斗、创新、奉献的劳动精神。学校提供的不仅是学生劳动实践的基地,更是家、校、社协同育人的场所。上海交通大学基础教育办、农业与生物学院,上海夹卿实业有限公司,校级家委会都参与到场地的管理和维护中,帮助学生走出课堂,陶冶情操,学会劳动,热爱生活。交大实小学子在四季轮回中亲历劳作,体现了学生参与学校民主管理建设,提升学生校园"小主人"的意识。

二、校园科技节活动

(一)"双碳"知识讲座

为提高低碳意识、普及绿色低碳发展理念、推动低碳行动,交大实小联合上海市太阳能学会、上海交通大学能源互联网科普教育基地,开展了"采撷阳光,点亮未来"太阳能系列科普活动。

"夸父追日——太阳利用史"主题讲座因此走进了校园。上海交通大学能源互联网科普教育基地负责老师从各朝代对太阳的记载引入,讲述了人类利用太阳能的悠久历史。讲座中老师用生动的视频深入浅出地为同学们介绍道:"太阳带来了光明、温暖和生命,由此古人产生了太阳崇拜。"老师还讲述了太阳与电的关系:1839 年,法国贝克勒尔首次发现导电液中的两种金属电极用光照射时,电流会加强光生伏电效应;1954 年,贝尔实验室诞生世界上第一个实用的太阳能电池;如今,塔式光热发电和光伏发电设备如雨后春笋般出现在我们的生产生活中。老师还通过我国最大的沙漠发电站和湖面发电站普及光伏发电与低碳的关系。同学们由此明白了太阳能发电是一种绿色发电能源,能够保护环境,还联系到自己的生活,坚定了保护环境从身边小事做起的信念。

（二）"双碳"节能挑战活动

低碳节能从我做起,这是交大实小开展"双碳"系列活动后同学们的最大感悟。为了让同学们真正将"双碳"践行到生活中,交大实小的校园科技节开展了一次"生活小当家——'双碳'节能挑战"活动。学校首先利用自然课、探究课的时间,开展了"生活小当家——家庭电费我会省"活动。同学们通过对家庭电费情况的调查、家庭电费情况交流与分析、整理分析电费差异数据,最终设计电费节约方案并进行交流,对家庭节能做到心中有数。随后,校园内发布系列"生活小当家"挑战任务——家庭用电节能挑战、家庭用水节能挑战、家庭用车节能挑战等等,鼓励同学们在家和爸爸妈妈一起节约用水、用电,减少不必要的车辆使用,形成了一波节能热潮。

（三）完成一份"双碳"小制作

在校园日常生活中,同学们发现身边总有很多材料可以"变废为宝"。在科技节中,交大实小以"变废为宝"为主题,邀请同学们以无毒无害的家庭废旧物品(如饮料瓶、易拉罐、奶粉罐、废纸箱、旧报纸、破衣物、纸筒等)为主,充分利用其属性和特性,发挥想象力和创新思维,进行沉浸式的艺术创作,汇聚变废为宝的妙招,体验变废为宝的乐趣,实现了旧物的华丽变身。

交大实小利用每年六一儿童节等节庆时间,开展"绿由心声·'趣'集市",每个班级都设立了自己的绿色集市摊位,出售同学们的手工作品。同学们还会把平时不用的学习用品、玩具、书籍等摆在精心设计好的摊位上出售,或者与其他同学换取自己需要的物品。不少小摊主为自己班级的摊位设计了名字和 logo,使出浑身解数推销着自己的"宝贝",通过各种吆喝吸引顾客的到来。这类活动使校园处处浸润着绿色、低碳的元素,初步培养了同学们的循环经济意识,让他们在活动中潜移默化地形成理财观念。

第二节 "双碳"主题校园科创活动案例

通过绿色低碳校园生活的各项活动,同学们对绿色低碳有了更加深入的了解,有了更加丰富的想法。为了帮助同学们把想法变为现实,自 2014 年起,学校每年举行"交大实小预备小院士"活动,鼓励同学们利用暑期时间进行课题研究,在家长和老师的帮助下,开创研究新思路,实现研究、发明与创造的成果落地。

"交大实小预备小院士"活动每年 5—6 月开始,在"预备小院士"招募活动中,有兴趣进行课题研究的学生需要填写"交大实小预备小院士立项申请表"。表格内容包括:课题名称及分类、项目选题的发现、项目预期目标、完成项目的条件和保证、可能存在的问题、需要学校提供的帮助、课题简介及实施方案等内容。负责老师对申报表中的课题项目进行分类和初选,和学生以及家长进行沟通,对有问题的课题进行调整。学校在暑假前召开第一次"预备小院士"培训,主要从课题的选题、课题的实施、论文的撰写等方面进行针对性的介绍。暑假期间是学生完成课题研究的主要时间段。在家长和老师的带领下，大部分同学可以在 2—4 周内完成课题研究，着手制作答辩 PPT、撰写课题论文。9 月后，学校科技组老师开设"交小小院士"社团课程，邀请每一位同学进行课题答辩，同时鼓励家长一起参加；其他同学、家长及学校老师均可作为评委提出问题及意见，帮助参与答辩的同学根据进行课题改进，并不断完善 PPT 介绍和课题论文。在新冠疫情期间，"交小小院士"社团转为线上活动继续推进，保证了课题的有序实施。在后续的各类竞赛评选活动中，"交小小院士"社团的学生们在各类答辩、展示中均能完整表述、展现自己的课题研究成果。以下展示 6 个课题案例。

一、家庭垃圾干湿分类及潜在资源量评估

孙逊同学以自己家庭为调查对象，针对干湿垃圾分类的问题进行了为期 5 个月的追踪调查：根据一个家庭产生的各类垃圾进行长时间分类统计结果，给出一个家庭的各类垃圾的年产生量，并由此估算出可以获得的能量和资源量，这是落实垃圾分类推进工作的一次有益尝试。孙逊同学在课题论文中指出：

早在 2000 年，我国就选择了北京、上海等 8 个城市作为生活垃圾分类收集试点城市，但由于人们对垃圾分类的意义不够清楚，所以试点效果均不理想。2010 年后，国家进一步推进垃圾分类。2012 年，国务院印发的《"十二五"全国城镇生活垃圾无害化处理设施建设规划》中明确要求推进对生活垃圾进行干湿分类。近年上海也在许多社区大

力推进此项工作。我所在的小区参与了试点,居委会向每户都免费发放了厨余果皮专用桶,但有许多人依旧不严格按照干、湿分类投放垃圾。由此我想,如果能统计出每个家庭一年干湿垃圾产生量,并估算出它们蕴含的能源和资源数量,那样就可以用实实在在的数据告诉大家实施干湿垃圾分类的重要意义,从而推动垃圾分类的实施。

在研究过程中,我采用了上海市最新推出的家庭垃圾分类法,即可回收垃圾、湿垃圾、干垃圾和有害垃圾四大类。在此基础上,我结合研究目的,将可回收垃圾细分为报纸/纸板、玻璃、塑料瓶和金属四类;干垃圾细分为废塑料、废纸、废织物三类;有害垃圾细分为电池/灯管和过期药品两类;湿垃圾几乎全部为厨余果皮等。

我对自家的生活垃圾开展了 150 天的统计。结果显示:我家平均每年产生 366 kg 生活垃圾,其中厨余垃圾有 195 kg(53%),报纸/纸板有 65 kg(18%),废塑料有 44 kg(12%),废纸有 37 kg(10%),玻璃与塑料瓶均有 7.4 kg(2%),废织物有 7.3 kg(2%),电池与灯管有 1.7 kg(0.5%),过期药品有 1.0 kg(0.3%),其他垃圾有 7.6 kg(2%);每年可回收能源:厨余垃圾产气发电 127 度,废塑料、废纸和废织物焚烧发电量分别为 364 度、155 度和 43 度;另外,厨余垃圾可加工 39 kg 有机肥,报纸及纸板可再生 229 kg 新纸,玻璃和塑料瓶分别能再生 7 kg 玻璃、6 kg 塑料,电池和过期药能保护数千立方米的水资源。可见,垃圾中蕴含了大量的资源,恰当分类既能解决相关环境问题,更能获得额外的能源和资源。

二、废弃果皮何处藏，变身酵素菜飘香

褚黎思辰和张乐同学是同班同学，更是形影不离的好朋友。他们都喜欢吃水果，并且发现家庭食用水果产生的废弃果皮非常多，产生了很多的湿垃圾，如果不及时倒掉这些垃圾，它们会腐烂并发出难闻的气味。但是，现在小区里采用了分时倒垃圾的方法，这些垃圾不是随时想扔就能扔掉的。他们就想：怎样才能合理利用果皮、变废为宝呢？结合家中阳台蔬菜个头小、产量低的实际情况，他们尝试研究把家里每天都扔掉的果皮垃圾变成阳台蔬菜的肥料。这样既可以解决倒垃圾的烦恼，又能让家人吃上新鲜绿色的蔬菜。这两位同学在课题论文中写道：

> 针对家庭食用水果产生的废弃果皮问题，可以采用厌氧发酵技术将废弃果皮进行资源化循环利用，变废为宝形成酵素液肥；并针对种植阳台蔬菜常见的肥料来源安全性的问题，将自制的酵素肥施用于阳台蔬菜。这样做一方面能够综合利用家里的废弃物果皮，并节约肥料的生产成本，干净卫生；另一方面也解决了阳台蔬菜肥料来源的问题，并保证了肥料的安全性。本课题可以实现部分厨余垃圾的废弃物利用，减少倒垃圾的人力成本，实现了生态环境保护和废弃物资源化的双赢。
>
> 试验所需要酵素肥的发酵试验在 20 升的酵素桶中进行。发酵原料的混合的比例为"水：果皮：糖 = 10：3：1"。发酵桶密封严实，顶部有出气阀用于排气。酵素发酵过程为厌氧发酵。在发酵的过程中，每天摇晃一次酵素桶，

确保果皮均匀混合,加快发酵速度。两个月后发酵结束,产生的液体酵素肥可用于下一步的阳台青菜施肥试验。

试验结果表明:不同浓度的酵素肥处理对盆栽小青菜各种生理指标的影响是不同的。与对照组相比,三种浓度的酵素肥均可以不同程度地提高盆栽小青菜叶片的叶绿素含量,其中酵素原液稀释 10 倍的处理对青菜叶绿素的提高最为明显;在小青菜株高、叶片数和鲜重方面,酵素肥原液的处理对小青菜的生长起到了负面效果,其处理下的实验组三种生理指标均低于不施酵素肥的对照组;酵素液稀释 10 倍和 20 倍处理的小青菜株高、叶片数和鲜重均高于对照组,其中酵素液稀释 10 倍处理的提升效果最为明显,稀释 20 倍处理的实验组数据仅略高于对照组。这说明废果皮酵素液的适宜浓度可以提升盆栽小青菜的各项生理指标,改善和提高青菜的品质,而过高浓度会起到负面作用,过低浓度则效果不明显。

三、绿色智能控温宠物房

饶思远同学喜欢养小动物,身边也有很多朋友在养小动物。但很多家庭常常把宠物房搁置在阳台或庭院内,这些地方昼夜温差大,且冬天寒冷、夏天炎热,大大降低了宠物房的舒适度。考虑到阳台和庭院日照比较充足,他设想可以利用太阳能这种清洁能源以及相变材料能够存储能量的特性,为动物们的"房间"装上智能"空调",实现自动调节温度、控制温度的效果,给动物们提供一个舒适的家。饶思远同学的课题论文写道:

石蜡是一种固-液相变材料,相变温度大约是 30℃。石蜡在发生相变时伴随着吸收或放出热量,可用来控制周围环境的温度。因此我设想将石蜡封装在亚克力板中,用这样的材料制成控温墙壁、屋顶和地板,搭建宠物房。若室内温度过高,石蜡从固态转化为液态,吸收热量使室温不再上升;若室内温度过低,石蜡从液态转化为固态,释放热量使室温不再降低。这样就能使宠物房内的温度始终维持在30℃左右了。

控温宠物房搭建好后,我选择气温较高、日照强度较大的日子,将它与普通亚力克板搭建的宠物房同时置于室外进行对比实验,利用热电偶测温元件同时对含有相变材料的宠物房和普通宠物房的室内温度进行连续测量,并用数据采集仪读取温度值。通过对两组室温数据的变化进行对比分析发现,相变材料能够有效、自动调控室内温度,有明显的控温效果,可以在实现太阳能高效利用目的的同时,为动物提供了一个舒适的家。

四、太阳能风帆概念船

张展铨同学在参与了学校组织收看的"第四届上海市学生生态环保节开幕式暨绿色校园创建推进大会"后,对"双碳"产生了兴趣。当时的他就在想,小学生可以为"碳达峰""碳中和"做些什么呢?结合自己的兴趣特点,他想到设计制作一艘太阳能风帆概念船。他在课题论文中写道:

太阳能风帆概念船以一艘小型电动遥控船作为母型船，通过对母型船的动力系统进行设计改进，同时设计增加太阳能风帆系统。

整个设计包括两个部分。第一部分是动力系统设计改进，主要工作包括太阳能电池板的选型测试、太阳能电池板与锂电池相结合驱动方案设计、整个动力系统电路设计改进等内容。其中，太阳能板选型有两条原则：第一，输出功率必须要达到电机的额定功率；第二，重量和尺寸越小越好。在进行太阳能板选型测试时，我发现输出功率随太阳光强度的变化很不稳定，有时无法驱动电机。我的解决办法是采用太阳能板与蓄电池相结合的方案，让太阳能板先给蓄电池充电再驱动电机，这样就稳定了。为了安装固定太阳能板，需要对母型船的结构进行设计改造。考虑到环保需要，我利用废旧积木块进行搭建，通过自己设计、打孔和安装，完成了风帆支架的制作。改造后船模的重心很不稳定。我利用两个空的矿泉水瓶当作左右浮筒，加装固定在船体两侧，使其变成一个三体船结构。通过此部分研究工作，我研究出了以太阳能为动力来源、以锂电池为蓄电辅助调节的绿色船舶动力方案。

设计的第二部分是太阳能风帆系统设计制作，主要包括太阳能风帆底座设计制作、支架设计制作以及太阳能板固定等内容。此部分制作内容主要实现太阳能风帆的安装固定，同时保证整个概念船浮力足够和重心稳定。

最后，我对设计制作的太阳能风帆绿色概念船在户外开放水域进行试航测试。结果表明该绿色概念船能够在太阳能板与锂电池相结合的驱动下稳定航行，实现了低碳绿色船舶的目标。

五、太阳能驱动的雨水自动浇灌系统

刘杰屾同学观察到夏天高温天气时，妈妈每天要到家里的室外花园浇水。妈妈十分辛苦，家里自来水的用量也非常大，非常浪费。于是他设想在下雨时储存雨水，在晴天时让雨水自动释放到花土中，这样能够减少浇花的劳作，同时也利用了雨水，特别适合上海这种多雨的地区。而且，如果装置能利用太阳光的能量驱动雨水的释放，那就可以同时达到节水、绿色能源利用和减碳的效果，为生态文明建设贡献自己的一点力量。他在课题论文中写道：

我设计了自动浇灌装置的方案草图，该自动浇灌装置包含太阳能板、储能电池、雨水收集储水槽、雨水释放电动水泵以及控制器部分。装置中的储水槽在阴雨天储存雨水，太阳能板在晴天时向电池中储存电能。控制板包含一个水位控制器以及水位传感探针（插入水槽中）；两个土壤湿度控制器以及两个湿度传感探针（分别插入到花土中不同的位置，插入深度为花土五厘米以下）。三个传感器处于串联模式；当花土中土壤湿度较低，水槽中的水位未在最低水线时，控制器发出控制信号并将太阳能板电池中存储的电能输送至电动水泵，水泵从储水槽中抽水并驱动喷头实现花园的自动浇灌。

在整个系统的搭建过程中,我首先完成了对储能电池线路的改造,使它能够用来连接控制板;然后对电池电压进行了测试,确保了供电电压能够满足驱动控制板与水泵的要求且不会损坏这些器件;接下来对水位以及土壤湿度控制器的开关逻辑进行了测试,以便设计整个自动浇灌系统的控制逻辑;进一步通过将一个水位控制器与两个土壤控制器串联焊接在控制板上,实现仅在水位不低于水槽阈值且两个位置土壤湿度同时低于湿度阈值时控制水泵进行浇灌的控制逻辑。在完成各硬件部分的测试与调试后,我用该自动浇灌装置在我家的花园做了实验。在储水槽满水并且将两个湿度传感器分别插入到两块较为干燥的土壤位置的情况下,控制器成功开启电动水泵,电动水泵抽取储水槽中的水驱动喷头,实现了花园的自动浇灌。该系统已在我家小花园稳定运行了三个月。

该自动浇灌装置模型将自然界的太阳能和雨水充分利用,通过太阳能向电能的转化,以电路板控制器连接各功能组件,成功打造了太阳能驱动下的雨水自动浇灌花园。该作品将节水、绿色能源、减碳集于一体,不仅适用在社区环境中,还在城市大型绿化区域具备较大的应用潜力,有助于我们周围生态环境的健康发展。

六、小学校园"碳账户"智慧管家——碳小宝

在参与经历了学校"双碳"校园文化节后,刘立悠、冷希妍和饶新苑同学聚到了一起,希望自己能为校园"双碳"做出自己的

贡献。于是三位同学一起组队，设计创造了小学校园"碳账户"智慧管家——碳小宝。她们在课题论文中写道：

　　在学校"双碳"德育课堂上，我们第一次听说了"碳账户"。为了把"碳账户"用同学们喜欢的形式呈现出来，让大家在使用"碳账户"的过程中，树立"双碳"意识、收获"双碳"知识，我们三个好朋友经过反复琢磨，产生了设计一款小学校园"碳账户"智慧管家系统的想法。

　　我们首先在中国知网和百度平台查阅文献，发现目前有关中小学校园"碳账户"的研究与实践应用极少。我们的想法是做一些有新意的探索。为了使我们的研究更有依据，我们在文献调查的基础上进行了访谈调查。我们围绕小学生绿色低碳行为、小学"碳账户"的相关问题访谈了上海交通大学环境学院"双碳"领域的专业教师董慧娟副教授。董老师非常认可我们的想法。她建议我们以学生的广泛、便捷参与为重要考虑因素，在积分设置中要考虑节能、减排和减废等方面。基于以上调查工作，我们设计了"小学生绿色低碳行为"调查问卷，内容涉及绿色意识、绿色饮食、绿色着装、绿色学习、绿色生活、绿色出行和绿色建议 7 个方面、28 个观测点，共回收有效问卷 521 份，由此形成了小学生绿色低碳行为基本积分类目。

　　"碳小宝"是一台以"人人参与、操作简单、浸润教育"为目标，以对学生充分信任为设计理念，基于人脸识别和语音交互技术，可与师生实时互动的实体终端设备。"碳小宝"通过人脸识别技术实现用户注册登录，通过语音交互技术实现"碳账户"积分管理。遇到无法识别的语音信息,"碳小宝"也支持手动添加、后台认证。除了新增积分、查询积分以外,碳小宝还具有其他的拓展功能,旨在将小学生的绿色低碳行为转化为"碳账户"积分,引导小学生在知识问答、互动游戏、段位比拼等寓教于乐的过程中,养成主动减碳降碳的行为习惯。

光想还不行,为了创造出"碳小宝"的实物模型,我们还来到了上海交通大学学生创新中心寻求帮助,请大哥哥、大姐姐们指导我们把想法变成现实。他们教我们在淘宝上购买人脸识别及语音交互的成熟模块,用 Windows 10 平板作为主控系统。运用 Python 程序编写系统模块,采用 Solidworks 软件完成外形设计,通过 3D 打印制作出了"碳小宝"样机。经过实验测试,"碳小宝"样机验证了我们的预期功能。我们设想碳小宝以显示屏为主体,外形小巧可爱,可直接悬挂于校园墙壁上,同学们可以随时使用。希望有朝一日"碳小宝"能够成为像"小爱同学""小度"一样受欢迎、得到普遍应用的校园"碳账户"智慧管家。

以上选取自 2014—2024 年期间交大实小部分学生的课题案例。他们把自己的绿色低碳实践写成了小报告,在中国少年科学院"小院士"评选暨课题答辩活动、上海市"明日科技之星"评选活动、上海市青少年科技创新大赛、上海市"红领巾科创达人"挑战赛、上海市青少年"碳"究环保创意项目征集活动、上海市青少年"双碳"方案提案大赛等比赛中取得了优异的成绩。有些课题还在"上海教育""闵行教育"等官方公众号上展开介绍,起到了很好的示范引领作用。

　　学校绿色低碳科创活动的开展，为学生们提供了更多的动手实践机会，学生们因此有更多自主探究的时间和空间，不仅开阔了视野，扩大了知识面，还使得思考实践能力得到稳步提升。学校掀起了浓浓的绿色研究氛围，形成了一股低碳探究热潮，同学们不但在活动中积极参与，而且在课后积极寻找课题，成了科创小能手。

第六章

绿色低碳社会实践

　　社会实践活动可以引导学生逐步生成适应社会的能力，懂得理解社会实际，遵循社会规范，学会达到个体与社会之间的平衡、和谐与统一。以绿色低碳为主题的社会实践活动，一方面可以拓宽家、校、社协同育人路径，另一方面有助于学生践行低碳理念，养成节约习惯。

　　为了更好地指导小学生绿色低碳社会实践过程，学校需要加强师资建设中针对性的理论知识培训和环保理念熏陶。除此之外，应继续加强学校和社区、企业的合作，建立合作机制，充分挖掘社会资源，为小学生绿色低碳社会实践创建更好的平台，帮助他们在活动中增强环保意识，锻炼实践能力。

　　交大实小的学生在绿色低碳社会实践活动中宣传绿色、环保、低碳的生活理念，践行绿色、环保、低碳的生活方式，表达对环境保护的关注，锻炼社会实践能力。在一"湾"（"大零号湾"）、一"江"（江川社区）、一"校"（上海交通大学）的引领助力下，学校开展了"一'碳'究竟"主题社会实践活动——走进社区，开展固碳植物讲解活动，组织学生动手制作固碳植物，让绿色萦绕身边；开展"以物换物"活动，让绿色环保的理念延续；走进"大零号湾",实现红领巾宣讲团驻点式、沉浸式、行走式宣讲。在各类社会实践中,学生身体力行,探究"双碳"知识、提升环保意识、传播低碳理念,打造家、校、社绿色可持续教育共同体。

第一节　健全校内机制
夯实活动基础

一、重视师资建设,增强专业素养

为顺应时代发展、贯彻政策理念而产生的绿色低碳教育,需要有拥有前沿教育理念、较高专业素养和新型教育教学方式的老师参与其中。一直以来,交大实小重视教师的培养,明晰新时代新发展的形势要求,不断加强师资梯队的整体建设。

（一）创设"通雅"教师成长学院,设计校本研修课程

学校为新进教师、中青年教师、骨干教师提供了不同的研修课程,创设"通雅"教师成长学院,精细"把脉",补"弱"增"强","个""群"共促。至今,学校已开展了师德师风专题培训、新教师入职课程、全体教师师德师风课程等面向不同教师的多类课程。课程设置基于学校办学特色,具有鲜明的校本特征,并将绿色低碳理念贯穿其中。通过在"通雅"教师成长学院的研究学习,交大实小的教师对于自身的优势和不足有了更明晰的认识,能够找准位置,更上一层楼。

将教师的培养规范化、体系化,有助于为新教师提供职初培训的规范平台,引领骨干教师发挥带头示范作用,让有 30 年以

上教龄的教师发挥区域辐射引领作用。优质的教师发展系统一方面可以宣扬学校的办学理念，另一方面也可以为绿色低碳教育实践的推进提供基本的师资保障。

（二）依托高校平台，培育创新思维

交大实小作为上海交通大学的附属学校，拥有得天独厚的资源。上海交通大学主动承接基础教育、职业教育之责，积极寻求合作，逐步形成了地校良性协作模式，有利于整合多方优质资源为基础教育培养高水平师资力量。

随着人工智能技术的不断创新和完善，绿色低碳领域研究的应用前景将更加广阔，为全球应对气候变化和实现可持续发展目标提供强大的支持。2023 年 11 月，由上海交通大学基础教育办公室联合上海 AI 实验室智能教育中心、全球高校人工智能学术联盟共同举办的"AI＋X"跨学科人工智能教育专题研修班在上海人工智能实验室成功举办。交大实小多位学科骨干教师参与了此次研修活动。教师通过在人工智能原创理论和技术策源地的研修，为培养学生的创新思维提供了更多可能，丰富了学生绿色低碳社会实践的活动主题。

（三）搭建各级各类平台，助力职业进步

交大实小依照闵行区实施"三类基地"教师培养策略，进行本校种子教师、骨干教师和名师的培养。学校每两年举行一次"通雅杯"教师授课大赛，为青年教师的成长和优秀教师的选拔创建平台，并在入围"希望之星"复赛的教师中开展模拟教学风采展示活动，锤炼教师基本功；开设交大实小"心动"班主任工作室，有梯度、有重点地培养青年班主任队伍，并发挥导师型班主任指导、示范、引领和辐射的作用，充分给予学生社会实践更好的引领和指导。2022 年 12 月,我校 19 位老师经自主申报、学校推荐、专家面试等环节脱颖而出,成功入选市区基地学习。

为深入贯彻习近平总书记关于"大思政课"的重要指示批示,全面落实党的二十大关于推进"大中小学思想政治教育一体化"的重要部署,2023 年 6 月,"交大-江川"学区王叶婷特级校长工作室暨"大零号湾区域大中小学校'大思政课'一体化建设"项目启动仪式举行。工作室紧密围绕当前教育发展形势,整合资源,攻坚克难,努力探寻新时代教育转型变革背景下的学校管理之路,提炼行之有效的办学策略和具体方法,争取让德才兼备的优秀青年校级干部尽快成长起来,担负重任,带领和推动江川地区教育实现新发展。工作室通过项目研究,扩大教育阵地,在时代同频中与"大社区"、"大湾区"、"大校园"同行,回应时代的召唤,通过教育资源扩容、教育空间延伸、教育载体拓展这些方式共建共享"大平台"。工作室还将依托江川街道的学校,以早日实现"双碳"为目标,将学员培养成"双碳"知识的传播者、低碳行动的引领者及拥有国际视野和环保意识的学校管理者。

二、坚持改革创新,优化课程效果

2023 年 2 月,上海市教育委员会印发《上海市绿色低碳发展国民教育体系建设实施方案》。该文件提出,要开展形式多样的资源环境国情教育和"碳达峰""碳中和"知识普及工作,推进义务教育阶段地方课程建设,鼓励开发校本课程。

交大实小始终将"双碳"教育融入小学生的课堂。2023 年 5 月 19 日下午,学校开展了以"绿水青山 低碳有我"为主题的"双碳"综合实践课展示活动。本次展示活动集中呈现了我校一至三年级小学生"低碳"主题综合实践活动课程的成果。老师在课堂上从学生日常生活中的衣食住行入手，让学生借助碳排放计算、碳互动游戏等对低碳有更清晰的认识，引导学生养成绿色、低碳的生活方式。"低碳"主题综合实践活动课程不仅向学生传播理论知识，也为学生的实践体验创设了分享与交流的平台，进一步推动了绿色低碳理念与实践相融合。

2024年5月13日学校举办了"2024中国青少年生态环境教育示范课进校园"活动。该活动采用线上与线下相结合的形式进行，全校同学参与其中。活动通过环保主题宣讲、故事案例讲解、环保作品展示，激发了同学们对于应对气候变化的探索欲。本次示范课进校园活动提升了同学们的生态保护、环保意识和生态责任感，也为小学生绿色低碳社会实践的主题及方式提供了新思路。

绿色低碳教育是教育新理念，推行中难免面临一定的挑战。为了适应新的时代要求，满足学生个体差异和个性化发展的需要，学校必须坚持课程改革和创新，增加课程的多样性，提高学生学习的主动性，关注学生个性化发展，提升教育教学质量，由此推进课程改革创新，最终增强学生的核心竞争力。

第二节　推动家校合作
拓宽活动路径

2023年初，教育部等十三部门联合印发了《关于健全学校家庭社会协同育人机制的意见》。该意见明确了"坚持育人为本",提出"坚持科学教育观念,增强协同育人共识",关键是学校家庭社会具有共同的教育价值共识,遵循素质教育理念和未成年人身心发展规律,着力培养德智体美劳全面发展的社会主义建设者和接班人。家长与学校的有效配合,可以拓宽孩子活动路径,促进孩子健康成长,有助于取得教育高质量发展的新突破。

一、创建各级家委会,畅通家校互动渠道

交大实小拥有校级、年级、班级三级家委会。学校向家委会成员解读学校工作计划和学生发展部工作计划,积极推进协同育人,为家庭教育提供科学指导,同时也搭建各类平台,增进理解,听取意见,形成教育合力。

一直以来,学校坚持在校内开展绿色低碳教育,让环保理念深入学生心中,深受家长推崇,在家庭教育上也发挥了一定的影响和作用。

2023 年 9 月 11 日,二年 8 班家委会于本班发起了为期一周的"接送无车日"活动,呼吁家长绿色出行,在安全有保障的情况下,带着孩子走路上学或者骑自行车、坐公交车上学,减少开私家车出行。这一举措得到了很多家长的认同。"其实我们平常就是这样做的,时间允许就不开车,和孩子走路上学,这样既锻炼了身体,又能节约能源保护环境,还能多和孩子聊聊天,增进感情,蛮好的。"一位家长说道。

也有居住在同一小区或相邻小区的家长采用了"拼车"的方式,由几个家庭的家长轮流接送,减少不必要的私家车出行。这既减少了碳排放,也切实节约了家长的时间。

二、充分挖掘家长资源,激活协同育人力量

社会实践活动引导学生走入社会、认识社会、融入社会。来自各行各业有着不同社会经历的家长可以提供许多资源。家长们可以尝试用自身的成长经验和积累的社会资源来帮助孩子认识和参与社会活动。

交大实小在校内推行"大·家讲坛"活动(见表6-1),把家长们请进校园、请入课堂,请他们发挥专长,为学生带来有趣的课程。这不仅象征着校内、校外的课程融通,更是开启了家、校、社协同育人的新征程。与此同时,交大实小还将家长资源延展,构建平台,用家长资源优化学生社会实践。

表 6-1 2021 学年大·家讲坛课程内容

活动年级	活动主题	活动地点
一年级	中外文化与习俗	一 1 班
	中国文化	一 2 班
	科创之光	一 3 班
	数学大世界	一 4 班
	航天大世界	一 5 班
	创意手工	一 6 班
	饮食与健康	一 7 班
二年级	让机器人去做一杯珍珠奶茶	二 1 班
	我是小小情绪魔法师	二 2 班

续 表

活动年级	活 动 主 题	活动地点
二年级	生活小达人	二 3 班
	小小农艺师	二 4 班
	奇妙世界	二 5 班
	能源与环境	二 6 班
	探索细胞的奥秘	二 7 班
三年级	"走进德国"小课堂	三 1 班
	我们世界中的"小精灵"——物质的分子基础	三 2 班
	小学生的大数据科学	三 3 班
	走进神奇的化学世界	三 4 班
	神奇的氢科学	三 5 班
	初识空天	三 6 班
四年级	机器人	四 1 班
	虫虫大世界	四 2 班
	神奇的粉笔	四 3 班
	玩转有趣的材料	四 4 班
	日语与日本文化	四 5 班
	走进人工智能	四 6 班

续　表

活动年级	活 动 主 题	活动地点
五年级	记忆的守望者	五 1 班
	"走进法国"小讲堂	五 2 班
	无人车与人工智能	五 3 班
	生活中的趣味地理	五 4 班
	微结构创作大赛及赏析	五 5 班
	各种各样的能源	五 6 班

2021 学年的"大·家讲坛"于 2021 年 9 月 27 日正式开讲。来自 32 个不同行业的学生家长和上海交通大学的老师们担任了授课志愿者。他们根据自身的专业和特长，精心选题，涉及中外文化、餐饮文化、创意手工、航天世界、机器人、人工智能、地理、化学、生物、新能源等各个领域，介绍了各领域的绿色低碳模式，这让学生可以时刻浸润在环保氛围中，从小培养节约资源和人类命运共同体意识，心存"双碳"目标。校内丰富多彩的课程为小学生提供了全面的知识体系，激发了他们对相关主题社会实践活动的热情与兴趣。

2023 年 4 月 24 日，交大实小五年级的全体同学津津有味地聆听了一场名为"启蒙课程——汽车智能开发"的精彩科普讲座，主讲人为五年 2 班李妙涵的爸爸，也是一位汽车制造业的专业人士。

李爸爸首先让同学们从一张图片中找一找各种类型的车。大家都兴奋地说着自己经常见到的交通工具。互动环节快速拉近了大家的距离，活跃了现场气氛。接下来，李爸爸为大家介绍了图中每种车对道路的不同要求，引出概念创意和设计草图，用汽车模型展现设计汽车的不同角度，鼓励同学们动手画一画心中的车。李爸爸特意为大家讲解了汽车设计中的低碳理念：在当今环保意识日益增强的背景下，汽车动力系统采用新能源技术，减少对传统燃油的依赖，降低尾气排放；车身采用轻量化材料，减轻车辆自重，降低行驶能耗；内饰也采用环保、可回收的材料，降低对环境的影响。李爸爸用人体结构类比汽车的部件，比如骨骼就是车身框架，如此形象的比喻让抽象枯燥的概念和现象变得生动易懂。

同学们认识到，汽车生产的过程是严谨而有趣的。这次精彩的演讲帮他们拓宽了视野，埋下了职业启蒙的种子，也让他们对于低碳在汽车领域的应用有了更深入的认识。

第三节　激活社会资源
丰富活动内容

社会教育的主要功能是实践教育，广阔的社会大舞台为学生提供了实践的平台。对小学生社会教育资源的开发利用研究，不仅能够丰富社会教育理论的发展，还有助于更好地对小学生个体实施素质教育、终身教育，为小学生社会实践活动的具体实施提供更多可行性思路。社会资源与学校教育资源、家庭教育资源构成一个资源共同体，共同对小学生的成长和发展产生合力,促进全面发展。

一、学校社区联动,搭设实践平台

交大实小学生以"知行合一"为导向,深入社区调研、辨析,在社会治理共同体中做小观察者,做社会实践活动的"小主人"。

学校师生开展了"交小师生看江川"系列活动,走进上海电机厂、闵行健康生活馆、钟书阁等江川社区中的场所,感受江川历史底蕴;参观冰激淋品牌爱茜茜里的制造工厂,感受江川的企业文化与号召力。在活动中,师生以闵行企业为切入点,认识了几十年来我国企业的绿色低碳转型之路。

由于国家"双碳"目标的助推,交通领域开始大力发展新能源汽车。新能源汽车行业飞速发展,越来越多的新能源车品牌进入公众视野。2023 年 3 月 5 日,学校五年 6 班"太阳花"小队走进好第坊社区,对社区居民关于新能源汽车的接受度及对其与"双碳"关系的了解进行了一次抽样调查。

在调查之前,小队成员在社区活动中心认真聆听了一场科普讲座——《太空观"碳"》,不仅从新奇的角度学习到了更多有关"双碳"的知识,还简单了解到如何从太空观测我们在地球表面排出的碳,对于环保有了更深刻的认识。讲座过程中设置了许多有趣的互动问答环节,小队成员们积极参加、热烈讨论,体现了"太阳花"小队的少年们落实"双碳"行动的决心和对环保的热忱。

为了保证此次调研内容的科学、准确,队员们邀请学校导师共同参与设计,并对不同年龄段的社区居民进行抽样调查。通过调研,队员们发现社区居民对于新能源车的接受度分别持有

"完全能接受"和"能接受"两种态度;"接受并有意向购买"和"已购买"的社区居民大多是通过向自己身边购买过新能源车的朋友询问了解新能源车;居民对于"新能源车是否环保"和"新能源车是否符合双碳理念"都持有肯定态度;对于"新能源车如何体现'双碳'",居民们各抒己见……问卷结果体现了群众对"双碳"政策和行动的大力支持与肯定。

通过此次活动,队员们既学习到更多"双碳"知识,还在调查活动中向社区居民普及"双碳"理念,锻炼了自己的逻辑思维、数据处理分析等能力,并通过行动呼吁社区居民提升环保意识,为"双碳"行动做出自己的贡献。

社区是小学生重要的学习和实践场所。学生在社区中挖掘绿色低碳元素,对于低碳理论联系实际有了更清晰的感知。在社区的支持和配合下,相关活动的开展有助于扩大学校的区域影响力,进一步宣扬绿色低碳理念。

二、发挥附属优势,构建绿色共同体

"上海交通大学一闵行区"作为上海首批"大思政课"整体试验区,形成了先行探索、先行实践的"大思政课"优势。交大实小作为国内一流高校的附属学校、大中小学贯通"大思政课"育人试验示范区的一环,在大学牵引和区域联动下融通高校资源,通过学校"小课堂"与社会"大课堂"的有效衔接,为小学生的绿色低碳社会实践活动提供依据,充分提升学生绿色低碳实践活动的品质。

为了解低碳能源、进一步培养节能减碳的意识和习惯,激发对科技创新的兴趣,2023 年 2 月 26 日上午,交大实小四年 4 班

"竹蜻蜓"小队的队员和导师们走进上海交通大学能源互联网科普教育基地,围绕"绿色能源——太阳能"这一主题展开学习。

现场展示的电力系统和新能源发电模型使同学们对不同发电系统的构成和原理以及节能减排新技术有了更深刻的理解。在场同学提出了许多问题,科普基地讲解老师耐心、风趣地解答了同学们的疑问,并详细讲解了垂直轴风力发电、光伏发电、光储充一体化充电站、地源热泵等综合能源示范系统。之后,队员们实地感受了未来电网分布式太阳能的应用场景,在现实场景中学习了太阳能发电的必要条件以及能量转换的原理和过程。最后,大家参观了能源互联网平台的"数据大脑"——能源互联网控制中心,进一步了解了校园智慧能源管理的理念和能源监测系统的主要功能。队员们通过本次活动加深了对绿色低碳能源的了解,坚定了做低碳生活的践行者、一起向"绿"而生的决心。

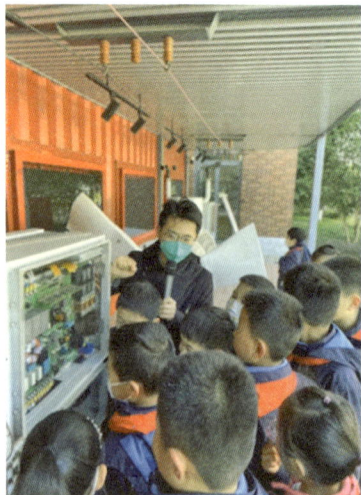

交大实小学生参观上海交通大学能源互联网科普教育基地

　　场馆课程可以将课堂教育向课外延伸，为孩子们打开一扇窗，拓宽视野。将场馆构建一个完整、完善的教育生态圈，让受教育者在具体的教育场景中获得浸入式体验，让教育发生得更加自然，教育效果就会大大增强。

　　上海交通大学作为国内一流大学，有着丰富的场馆资源。孩子们跟着老师走入李政道图书馆，感受物理巨擘的赤子情怀；在钱学森图书馆开展庄严隆重的入队仪式，让红领巾浸润在红色之光中；在交大 E 谷聆听讲座，了解风电、光伏等新能源的基本发电原理，以及综合能源系统的构成等前沿知识。同学们认识到，要坚定不移地走生态优先、绿色低碳发展道路，为实现"双碳"战略贡献自己的力量。

　　李政道研究所由诺贝尔物理学奖获得者李政道先生建议，经党和国家领导人批示，在国家部委和上海市的大力支持下，于 2016 年 11 月在上海交通大学成立，旨在建设成为世界顶级科学研究机构。

　　2024 年 5 月 20 日，交大实小五年级部分同学来到李政道研究所，进行了一场科技前沿之旅。通过工作人员的讲解，同学们得知李政道研究所中的"思源一号"是全国高校中算力排名第一的绿色水冷高性能计算设备，仅需 14 个机柜就能达到一般通用数据中心 70 个机柜才能达到的算力。"思源一号"还体现了绿色低碳：比起传统风冷散热，温水水冷技术可节省 42％ 的电力和二氧化碳排放；而计算机运行过程中产生的余热，则可再利用于李政道研究所球形大厅冬季供暖和实验室温控，每年可实现 950 吨的额外碳补偿。

　　此次参观活动在同学们心中播撒了科创"绿色"的种子，激发了他们对科学进一步探索的热情和兴趣。

交大实小学生参观李政道研究所

"双碳"目标是我国应对气候变化、推动经济高质量发展的重大战略决策。青少年具有较强的学习能力和积极的传播能力，是实现"双碳"目标的主力军。小学生的低碳教育，不仅是知识的传授，更是行动的引导。将低碳教育真正落实到行动，需要学校、家庭和社会的共同努力，形成全方位的教育和实践体系，让小学生真正成为低碳行动的践行者和推动者。

三、开发实践基地，提升活动质量

《中共中央国务院关于进一步加强和改进未成年人思想道德建设的若干意见》中明确提出：思想道德建设是教育与实践相结合的过程，应广泛深入开展未成年人道德实践活动。面向中小学生开展的活动，要经教育行政部门或学校党团队组织统一协调和部署，把学生安全和社会效益放在首位。

交大实小依据教育部颁布的《绿色低碳发展国民教育体系建设实施方案》，积极探索青少年"双碳"教育的核心内容，开发学生社会实践基地。学校充分发挥地缘优势，与江川街道企业建立联系，同"大零号湾"确立共建关系，寻求"绿色低碳"教育与社会机构的合作，让"绿色低碳"理念内化于心、外化于行。

案例一：绿色农耕 成长有"稻"——交大实小亲子农耕社会实践活动

为了给学生搭建社会实践的平台，通过劳动感受现代农耕中的绿色低碳理念，2021 年 11 月 14 日，交大实小 210 名学生和家长来到漫农·漫稻源千亩田基地，参与农事活动、品尝劳动滋味，一起感受稻谷的清香，领悟现代农耕中的低碳方式。同时,交大实小与漫农"劳动实践基地"进行了共建揭牌仪式,为学生社会实践提供了平台和机会。

在稻田基地老师的指导下,同学们学会了如何使用镰刀,也了解到目前采用的节水灌溉技术如滴灌、喷灌等能够精准地为农作物提供所需水分,减少水资源的浪费;了解到绿色低碳农耕还注重农产品的绿色加工和运输环节,以减少能源消耗和碳排放。

金色的稻田留下了同学们挥舞镰刀、努力收割的身影。劳动的课堂被搬到丰收的稻田里,低碳的知识融入了农耕中,同学们和家长一起在自然中学习、体验,收获劳动的快乐,感受现代农业的可持续发展。农业领域实践基地的开发,提高了小学生绿色低碳实践活动的质量,也拓宽了生态环境教育的领域。

案例二:创立"声动大零号湾"交大实小红领巾讲解员成长基地

交大实小在"大零号湾"根据区块划分、功能类型,组织红领巾宣讲团,构建三类不同形式的宣讲阵地,让学生在各类宣讲中感悟时代、区域的科创力量,在科创故事中明晰自立自强的发展担当,感悟绿色低碳的生态发展理念。

一是驻点式宣讲阵地。红领巾宣讲团以"大零号湾"创新策源馆为主要宣讲场馆,通过少先队员积极向上的语言,深度讲述"大零号湾"战略定位、建设历程、创新成果和发展成效。

二是沉浸式宣讲阵地。红领巾宣讲团以"大零号湾"科创大厦、"大零号湾"国际人才会客厅、华谊万创新所、上海节卡机器人科技有限公司等若干"大零号湾"标志性场馆和代表性企业为重要宣讲场地,深度挖掘场馆和企业背后的故事,通过情景演绎、舞台展演等多样化形式进行创新式宣讲。

三是行走式宣讲阵地。红领巾宣讲团积极开发"碳行大零号湾打卡地图",沿地图路线面向街道、社区、学校、企事业单位开展大零号湾故事宣讲传播,把大零号湾建设的生动案例化作宣讲的典型素材广而告之。

"声动大零号湾"交大实小红领巾讲解员成长基地

"声动大零号湾"交大实小红领巾宣讲团将重点建设好"大零号湾"科技创新策源功能区展示馆 1 个实践基地;推出"碳"行"大零号湾"社会实践指导手册、"大零号湾"大思政课同题异构课程清单、"声动大零号湾"主题宣讲菜单 3 个品牌项目;设计完成 5 项系列成果（呈现 1 台演出、设立 1 档专栏、完成 1 本教材、开设 1 门课程、举办 1 次画展）。

案例三：我眼中的"新时代共享未来"——第六届"进博会"社会实践活动

2023 年 11 月，第六届上海国际进口博览会在上海召开。交大实小 7 位学生在街道、商会的工作人员及本校老师的带领下开展了参观进博会社会实践活动。本次进博会的主题为"新时代，共享未来"，许多展品均以绿色、低碳、可共享、可持续为设计理念。

同学们重点参观了汽车展区，包括整车板块、智慧出行、汽车配套和养护板块。其中米其林展区展示了其在可持续材料方面的前沿技术和最新成果，带来了亚洲首发更为环保的 63％可

交大实小学生参加第六届"进博会"社会实践活动

持续材料轮胎,助力交通运输业绿色发展,用创新科技让未来永续。四年 1 班的刘立悠同学采访了相关工作人员,聆听他们致力于创造零碳排轮胎的故事。同学们了解到有的米其林轮胎是用一些日常垃圾作为原材料,可以回收。

同学们通过此次社会实践活动,了解了汽车产业最前沿的技术,以及有关轮胎制造、使用、回收的环保低碳实践,开阔了眼界,丰富了知识。

案例四:藏在暑假里的"绿色"童年——绿色家园,我们在行动

暑假中,交大实小学子怀揣环境保护的热情,顶着夏日骄阳,发起了"绿色家园,我们在行动"的号召。

在 2024 学年的暑假,交大实小六年 3 班的"鱼雷艇小队"相约"打卡"位于江川街道的"大零号湾"图书馆。为了践行绿色、低碳的生活理念,他们选择以步行、骑行或公共交通的方式出行。队员们了解了闵行区"大零号湾"的新规划,感受了新环境和新生态。出行途中,植被茂盛、空气清新、环境宜人,大家感到心旷神怡的同时,也直观地了解到绿色生态环境的重要性,更加明白了良好的环境需要每个人的维护。

第七章

绿色低碳育人空间

　　学校传统的育人方式呈封闭型、分域性与散点状。如果把某一特点当作办学特色而忽视了整体改革,容易造成环境与教学、德育和学科以及各学科之间存在割裂,并导致传授和学习、评价和需求之间缺乏联系。

　　针对以上问题,高品质学习空间的开发应该是打造具有开放性和生成性的空间。要打破壁垒,实现交互,打破成人视角,从儿童立场出发,营造一个具有归属感的温馨家园,使得学生能在其中更好地学习交流,并在源远流长的历史文化以及便捷的智能环境中成长成才,这是每一所学校都应该持续思考和探索的问题。

　　目前,交大实小正努力构建绿色低碳的校园环境,探索"时时能学习、处处能育人"的学习空间开发,将环境与课堂学习、书本知识、学生生活等联通起来,努力优化孩子们的学习方式,从而形成全方位、全息化、沉浸式育人的绿色低碳办学特色。

　　绿色低碳的校园环境,正以蓬勃朝气、蓄势待发的精神,丰富着学校文化,培育着优秀的师生团队,努力实现面向未来的"全人教育"。

第一节 构建以生命成长为文化 追求的育人空间

一、充满自然关怀的成长环境

"二十四节气文化廊""四季观赏园""固碳绿植学园""绿色长卷画道",让学生们有更多感受大自然的场所。

"春雨惊春清谷天,夏满芒夏暑相连。秋处露秋寒霜降,冬雪雪冬小大寒。"校园中的"二十四节气文化廊",一步一阶,呈现着中国传统色彩——春青、夏赤、秋金、冬墨,四季流转,色彩的起承转合也在千变万化中……孩子们徜徉在介绍二十四节气的长廊里,迈步在绘有四季色彩的台阶上,时刻感受到古人的农业智慧和浪漫情怀,也打开了欣赏中华传统文化的新窗口。

还有连接学校教学大楼、体育馆的"四季观赏园",园中种植着相应季节的花草树木——春天的迎春、茶花、樱花、玉兰、海棠,夏天的紫藤、紫薇、栀子花,秋天的红枫、桂花、银杏,冬天的梅花、南天竹……学生在园中观察植物于岁月更迭中的生长习性与规律,欣赏四季轮回的美丽。

交大实小利用学校致远楼底楼的一个占地 140 平方米的天井,与上海交通大学农业与生物学院(以下简称"交大农生院")携手合作,开垦出一方"耕绿园"。在交大农生院领导、专家的支持和指导下,师生们在这里举行春季开垦仪式等活动,一起体验蔬菜种植和收获的快乐,涵养勤俭劳动精神,响应绿色环保理念,共同打造阳光绿色校园。

"耕绿园"

在充满自然关怀的成长环境中,学生们能够更主动地对周围的环境进行观察和思考。2023 年 6 月 6 日,以"低碳同行,科创美好"为主题的闵行区德育"第一课堂"第八讲在交大实小"双碳"教育资源教室开讲。上海市教委和上海交通大学相关负责人走进课堂,倾听学生们的奇思妙想。作为学校的"小主人",在课堂中,同学们以小组为单位,从校园教学楼、屋顶、图书馆、操

"低碳童行，科创美好"课堂

场、垃圾房、"耕绿园"六个场景中选择其中一个,设计未来的绿色校园。有的小组提出在屋顶安装太阳能光伏板,种植固碳植物,装上雨水收集装置,用来浇灌"耕绿园",并加装风力发电设备等等;有的小组提议对图书馆的门窗进行改造,开展图书漂流活动,实现书籍循环利用等等。随后,同学们还参照上海市首颗科普教育卫星"零碳小先锋"的设计,提议利用高光谱相机进行校园温室气体检测,测量碳排放和碳吸收。最后,学校还邀请了交大思政导师、上海交通大学中英国际低碳学院副院长何义亮教授进行点评。何义亮教授向学生们娓娓道来:乘公交绿色出行、节水电废物利用、阳台种植绿色固碳植物,这就是身边的碳中和。一切伟大的创造就来源于不灭的童心,何教授期待未来同学们的设计能用在更多的场景中。

受此启发,学生们积极创想和设计,给校园时空建设带来了新的启发和思考:

——利用太阳能自动浇水系统,进行自动浇水与电能的储备。可以在教学楼大厅里安装一个健身脚踏车,利用同学们旺盛的精力与充沛的体力去踏自行车发电,给"耕绿园"的自动浇水系统供电。还可以在"舞莲喷泉"里装一个扇叶,用水的冲力来发电,并供电给"耕绿园"。(四年2班　周瑞晨)

——在学校的"耕绿园"里放置堆肥桶,把学校的厨余垃圾、枯枝败叶、杂草等处理后,丢进堆肥桶,再撒上酵素菌,6到8周后,就能形成高浓度的肥料。这样既能减少垃圾和废弃物的产生,也能创造有价值的有机肥产品。(四年

2班　马乐怡）

——校园面积较广，可以大规模收集雨水，用于校园绿化、景观用水，这样做还可以给厕所和自动喷灌系统等提供水资源，减轻校园排水系统的负荷，改善生态环境等。（五年3班　梁珞瑶）

——到了夜晚，校园需要路灯照明，可是这些电能的碳排放太大。几个星期前，我们去参观了上海交通大学智慧与能源学院，看到了许多风力灯塔，我想我们可以将其搬入我们学校，利用风能为校园提供照明。（四年3班　邬博韬）

——改造楼梯，通过上下楼梯来产生能源发电。可以在学校里打造生态小水池，进行自主清洁。过滤机也可以用太阳能电板蓄电。（五年6班　王士维）

——我认为我们在绿色校园的建设中，可从学生中招募志愿者，组成"交小护绿队"，定期开展校园绿色巡查，协助老师做好绿色校园养护。"绿在交小，人人有责"。让我们一起行动吧！（四年1班　刘立悠）

——校园可以建立绿色智能能源供应系统，提高能源利用效率，实现与校园发电系统、能效监测管理系统、太阳能热泵热水系统、室内照明控制等系统的信息集成和数据共享。（四年2班　冷希妍）

这些美好的创想何尝不是珍贵的科学发明的起步呢？"大思政"教育真正化为了孩子们可以感知、可以体验、可以行动的"真实生活"，实现润心培根和知信行的有效统一。

二、多维度的绿色育人环境

在充满绿色的校园环境中,交大实小开启了以"春之探""夏之嬉""秋之品""冬之暖"为主题的综合实践活动,融合自然科学、艺术、人文、社会、生活等多方面元素,体现出与学科的整合、与班队的融通,让学生在古人的节气智慧中学会主动地"探",健康地"嬉",高雅地"品",智慧地"暖"。

交大实小还在植物生长的"四季观赏园"中,开展了系列学习探究活动,让学生们通过各种渠道去了解有哪些植物既能"扩绿"又能"降碳",以及"降碳率"为多少等问题。学生们向老师、家长请教,或到网上搜索资料,或到图书馆查阅文献,向学校提出了校园种植"固碳植物盆栽"的"金点子"。同时,他们还组成了"降碳"小队,撰写了探访报告:

> 我们向在交大农生院工作的家长请教,了解到校园中固碳能力最强的是龙爪槐树。一株龙爪槐树一天能够固定 500 克以上的二氧化碳,并释放 360 克以上的氧气。
>
> 此外,我们去交大图书馆查阅了文献资料,找到了 6 种适合在室内种植且固碳能力强的植物,分别是:龟背竹、金边吊兰、袖珍椰子树、鸭脚木、发财树、小叶栀子。
>
> 我们先为大家介绍其中固碳、吸毒能力最强的龟背竹。龟背竹叶形奇特,孔裂纹状,很像龟背,是一种常年碧绿的室内盆栽观叶植物。龟背竹有晚间吸收二氧化碳的功效,对改善室内空气质量、提高含氧量有很大帮助,是非常理想的室内植物。

再来介绍金边吊兰。它的固碳能力达 57 克/平方米。它可吸收室内 80% 以上的有害气体，吸收甲醛的能力超强，相当于一个空气净化器，故金边吊兰又有"绿色净化器"之美称。

袖珍椰子树的固碳能力为 30 克/平方米。袖珍椰子是最小型的椰子类植物，株型酷似热带椰子树。它不仅固碳能力强，还能净化空气中的苯、三氯乙烯和甲醛，并有一定的杀菌功能。

鸭脚木的叶片形似鸭脚，固碳能力达 30 克/平方米。它能有效地净化室内的二氧化碳。由于鸭脚木的叶片数量非常多，每天都需要进行光合作用吸收养分，大量的光合作用导致它必须要吸收大量的二氧化碳，从而起到固碳释氧的作用。

为了让校园种植的固碳植物更加丰富，让更多的学生投入探究活动，交大实小相关负责教师查阅了很多资料，制作单株植物日固碳释氧能力分级表（见表 7 - 1），并将该表交给承包学校绿化的第三方公司。公司专门召开了现场研讨会，决定在学校的"四季观赏园"里种植固碳能力强的植物，并制作二维码，供师生们了解和学习。学生们也纷纷种植固碳植物盆栽，放在教室或家里，观察它们的生长，并做好记录，写下观察日记……学校所在社区的书记、主任知道学校的学生们在研究固碳植物后，专程走访了学校，邀请学生们到社区的邻里中心"开课"，面向居民传授关于固碳植物的知识。结果周边小区里居民们也纷纷行动起来种养固碳植物盆栽，小区的花坛里也有了固碳植物的介绍。

表 7-1　单株植物日固碳释氧能力分级表

分级	强	较强	一般
CO_2(g/d)	>500	100～500	<100
O_2(g/d)	>360	72～360	<72
植物	泡桐、槐树、黑松、乌桕	红千层、喜树、臭椿、麻栎、结香、青灰叶下珠、夹竹桃、垂柳、悬铃木、无患子、福建紫薇、香樟、枫杨、樟叶槭、朴树、梧桐、海棠、化香、栾树、浙江柿、乌岗栎、柿、豆梨、珊瑚树、银杏、杂种鹅掌楸、丝棉木、紫椴、扁担杆、女贞、木芙蓉、黄檀、杨梅、广玉兰、油柿、铜钱树、蜡梅、红叶李、三角槭、通脱木、枣、盘槐、雪松、山茱萸、枇杷	金丝桃、缺萼枫香、榉树、紫薇、石楠、棕榈、含笑、牛筋条、桃、光皮树、桂花、构骨、卫矛、冬青、龙柏、日本晚樱、红枫、厚皮香、日本女贞、山麻杆、红豆树、鸡爪槭、八角金盘、白玉兰、郁李、阔叶十大功劳、栀子、山茶、红花檵木、黄杨、洒金东瀛珊瑚、中山柏、罗汉松、木瓜、香榧、十大功劳、重阳木

　　通过对固碳植物的探究学习,学生们体会到大自然中蕴含的丰富知识,体会到大自然的神奇美妙,也体会到学习劳动实践能够创造社会的美好和幸福。

　　美国著名教育家杜威的基本观点是"教育即生活"和"学校即社会"。他认为最好的教育就是"从生活中学习、从经验中学习",教育就是要给儿童提供保证生长或充分生活的条件。杜威又认为,学校作为一种特殊的环境,应把社会风俗纯化和理想化,创造充分的条件让学习者去获取经验,这是教育的关键。

　　原本主要以观赏为主的"四季观赏园",如今进一步发展为孩子们可以动脑学习、亲手实践、躬身体验的"固碳植物学园"。孩子们既能"观",更能"学",而且是主动地学。这种学习方式的改变有效提升了学生核心素养。

　　在从"赏园"到"学园"的发展过程中,我们深深体悟到,开展"双碳"背景下的绿色低碳教育,需要关注与创造多空间、多场景、多主题、多类别的学习经历,通过打造多学科和跨学科的学习空间,运用多感官、重体验、交流互动、知行合一的学习方式,实现学生素养全面而有个性的发展。

　　孩子们在绿色校园中,通过环境、课程、教学等的相融育人,越发感悟到绿色低碳的美好。学生们逐渐形成了一定的生态文明素养,对未来绿色低碳校园有了更多的期待和向往……他们与上海交通大学的哥哥姐姐牵手开展了"共绘绿家园"的实践活

大手牵小手"共绘绿家园"

动：小学生把心中的绿色家园通过画笔绘制在纸上，大学生们把纸上的画作再放大，用铅笔绘到了墙上，然后大手牵小手，共同绘上颜色。就这样，二十多米的走道墙壁，成了大家抒发情感、交流思想的场所。大家心目中的绿色家园通过画面呼之欲出——和平安全、健康快乐、和美真诚、互动合作、天人合一、变废为宝、科技创想、可持续发展……走道长廊画卷成了学生们放飞梦想、动手动脑、体验创造的乐园。

至此，交大实小的校园学习空间，逐渐体现出润物无声的特质，逐步实现着两个转变——从封闭到开放、从单一到多元。

第二节　构建以知信行合一为载体的低碳教育基地

随着大中小学思想政治教育一体化建设的深入推进，"大思政课"在小学里的开展必须尊重孩子们的身心成长规律，摒弃传统的"说教"和"灌输"。"双碳"教育应当渗透在校园的日常生活中，成为孩子们可以触摸、感受、体验的显性阵地，从而让孩子主动学习、入脑入心，实现知信行合一。传统的校园空间已很难适应学习者的学习需求。构建共融、交互的高品质学习场域，已成为学校空间建设的发展方向。高品质学习不仅应充分释放并发挥课程教学的核心育人功能，还应发挥空间育人的浸润式功能，兼顾学生的全面发展与个性发展。

为深入贯彻落实习近平总书记关于碳达峰碳中和工作的重

要讲话和重要指示批示精神，认真落实《教育部关于印发绿色低碳发展国民教育体系建设实施方案的通知》，坚持立德树人为教育的根本任务，推进新时代大中小一体化、校内外一体化、知信行一体化的"大思政课"工作格局建设，交大实小依托上海交通大学高校资源和江川社区区位优势，发挥学校在绿色低碳教育方面先行探索、先行实践的优势，在绿色低碳学习空间的打造上展开设想，筹划建设"交大·江川绿色低碳教育交大实小基地"（以下简称基地）。

基地签约仪式

1. 建设目标

基地携手上海交通大学的机械动力与工程学院、电子信息与电气工程学院、环境科学与工程学院、智慧能源创新学院、农业与生物学院、中英国际低碳学院、外国语学院、马克思主义学院、媒体与传播学院、教育学院和学生创新中心，聚焦"绿色低碳"主题，依托上海江川社区发展基金会，整合各方在专业课程、实践基地、资金支持等方面的优质资源，共建共享"交大·江川绿色低碳教育交大实小基地"。上海交通大学为基地绿色低碳教育的环境创设、技术赋能、课程引入和活动实践提供人力和物力支持，上海江川社区发展基金会为基地建设提供财力支持，全方位构建交大·江川"绿色可持续教育"共同体，力争打造成为立足交大实小、辐射江川、影响闵行的"1＋1＋1"绿色低碳教育示范基地。

2. 建设基础

小学绿色低碳教育品牌优势：交大实小具有良好的绿色低碳教育基础，学校将绿色低碳教育作为办学特色，开设贯通各个年级的"双碳"特色校本课程，积极开发"双碳"特色校园活动，布局校园绿色低碳软环境的创设。学生们对"双碳"目标的理解和自发的绿色低碳行动，赢得社会各界的高度赞扬。学校在各级各类会议上做相关交流，师生在市级"双碳"赛道展示、评比中捷报频传。

大学跨学科优质综合资源优势：上海交通大学相关院系在习近平生态文明思想、绿色低碳可持续发展、能源环境、科技传播、学生实践创新等领域具备深厚的研究基础，可为基地发展提供跨学科的优质资源，并为扩大基地影响力提供良好的途径。

江川区位优势：江川社区兼具红色工业基地和现代科技创新策源地的功能优势，具有丰富的绿色低碳教育地理资源。其中，上海江川社区发展基金会致力于培育公益组织，资助及开展慈善活动救助、志愿者服务等有助于社区公益事业发展的活动和业务,可为基地建设提供资金支持。

3. 建设思路

根据建设目标,充分发挥基地"1+1+1"的综合优势,基地重点开展以下三个方面的建设。

一是合力打造"绿色低碳"为主题的基地环境。上海交通大学和上海江川社区发展基金会为基地绿色低碳教育科创实验室、探究活动室等多功能教室的设立以及绿色低碳教育文化环境的布置提供设备和资源支持,并请专业人员定期到校开展维护指导。

二是合力构建"绿色低碳"为特色的基地课堂。上海交通大学和上海江川社区发展基金会选派优秀教师和专家,与交大实小的专业教师共同成立基地"绿色低碳教育导师组",开发基地特色的绿色低碳教育课程和活动。

三是合力开展"绿色低碳"为方向的实践活动。依托基地的区域优势,建设面向"绿色低碳"未来创新人才培养的联合实训平台,为区域学生提供形式多样、内容丰富的科创和探究体验。

4. 建设内容

基地所在的主要场地靠近学生们每天进出校门都要经过的总面积为 1 600 多平方米的 1 号楼,包括 12 间教室,具体建设内容如下:一楼以"绿色低碳"为主题,主要为基地理念展示区及演播厅,内容包含媒体介绍、视频播放、科普讲座等。二楼以"青少年科创中心"为主题,主要展示和活动内容包含 3D 打印、机器人、车模、船模、航模、创客实验室、手工制作等。三楼以"新能源"为主题,主要展示内容包含新能源材料、VR 互动等。四楼以"农生环境"为主题，主要展示内容包含水、土、气、种子培育等。屋顶以"种植及气象观测"为主题，包括了种植和气象观测站。

2024 年 7 月起基地建设的全面规划开始实施，交大实小的学生们将在基地中，通过实验猜想、探究、证明、结论等，在动手、动脑中深化知识和习得本领，在明理笃行中培育绿色低碳素养和能力。实验室建成后，交大实小还将资源共享，服务好江川地区学校，推动绿色低碳理念在教育领域的应用和发展。

"双碳"教育不仅要帮助孩童从科学的视角去理解自然，也要从人文的视角来审视自我。自由天性的释放、求知欲望的激发、合作意识的培养、创新能力的提升，在一点一滴中，也在一地一景里。交大实小"双碳"教育的学习空间打造，就这样一步步随着思想理念的清晰而发展起来。最初的环境建设更多考虑的是静态展示、美观程度，衡量维度比较单一，教育功能比较窄化；如今交大实小越来越关注环境与学生、课程、活动、教学的融合，运用学校"双碳"教育环境与其中开展的活动，促进了学生学习方式的变革。

基地建设打通了物理空间、信息空间、虚拟空间，为学生提供了丰富的学习情境、学习资源以及多渠道的交互方式，形成了开放、融合的学习生态环境，有助于服务学生从具体到抽象的多样化学习体验。

通过这类教育空间，学校可以让孩子们亲身参与到公共学习空间的创设和打造之中，这其实是一种隐性的课堂：孩子们可以自由命名和投票，为学校大楼、校园雕塑和石头等命名——"础"石、"舞莲"池、思源楼、致远楼、梦圆楼、通雅堂、雅韵廊、雅健廊……交大实小在全校范围内征集师生"双碳"行为规范、"双碳"家庭生活规范等,并制作上墙,督促和提醒大家时时牢记,认真践行。

与此同时,教师也真实地改变了育人理念与教学方式,进一步关注教育资源的整合、学习场景的创设、学习方式的变革,以此调动学生学习主动性,培养多元学习能力,实现从"教为中心"到"学为中心"、从"单一学习"到"多元学习"的变革,整体构建了一种主题多元学习和跨学科学习的新样式。

有机融合的教育环境、灵动有趣的主题活动内容丰富的实践探索、体验融汇的学习方式,让学生在轻松愉悦的状态中学习探究,收获体验,激发创意,进行思维碰撞和情感互通。学生们逐渐体会到社会责任从自身做起的担当,在传统文化的熏染中和现代科技的引领下,茁壮成长、与时俱进。

第八章

绿色低碳育人文化

　　随着"双碳"目标的逐步推进,"双碳"文化在生态文明建设中的引导作用亦日益凸显。"双碳"文化作为重要的精神力量,是我国文化软实力发展的重要标志之一。构建"双碳"文化的根本目的是为生态文明建设的推进形成共同的思想基础和精神支柱。在青少年儿童群体中开展绿色低碳育人文化教育教学活动,可以为祖国的未来构建"双碳"知识与技能,启迪公民生态文明意识,培养生态文明素养,事关"双碳"目标的实施与成效。

　　"一定的文化(当作观念形态的文化)是一定社会政治和经济的反映,又给予伟大影响和作用于一定社会的政治和经济。"[①]"双碳"文化同样是社会存在与发展的反映。任何一种文化都不可能是无源之水、无本之木,总是有其特定的历史底蕴和发展脉络。"双碳"文化的重要源泉就是中国的优秀传统文化。中国的"环境文化"源远流长:传说四千多年前的夏朝就规定春天不准砍伐树木,夏天不准捕鱼、不准捕杀幼兽和获取鸟蛋;三

---

① 毛泽东选集:第二卷[M].北京:人民出版社,1991:663-664.

千多年前的周朝根据气候节令,严格规定了打猎、捕鸟、捕鱼、砍伐树木、烧荒的时间;两千多年前的秦朝禁止在春天采集刚刚发芽的植物,禁止捕捉幼小的野兽,禁止毒杀鱼鳖。中国古代的儒家、道家等曾经探讨过人与自然的关系,提出了"天人合一""道法自然"等理念,这些理念至今仍然深刻地影响着中国人的生活。中国历朝历代皆有对环境保护与生态建设的明确法规与禁令。中国今天的环保事业与"双碳"文化建设,是对中国传统文化中人与自然和谐精神的继承与发展。

"双碳"文化反映了人们对美好生态环境、美好生活方式的要求、理想和愿望,体现了人们对物质、自然和自身关系的多维思考。"双碳"文化是对"双碳"生活理念的提炼和对"双碳"生活方式的总结。在青少年时期开展基于"双碳"主题的绿色低碳文化培育,不仅可以使青少年"知碳""懂碳""减碳",还有助于中国生态文明的发展融入全球多维的文化场景。

第一节　绿色低碳价值观念传递

众所周知,文化的核心是价值观。文化通过核心价值观来教化、感化人,规范、约束人的行为。"双碳"价值观是人们对"双碳"价值目标追求、价值取向、价值选择、价值创造以及评价标准、评价原则和方法等一系列"双碳"观点的总和,具体而言就是:人们对待生存的自然环境应该做什么,不应该做什么;反对做什么,支持做什么;区分是非、好坏、主次、善恶、美丑的界限。

因此,绿色低碳价值观对人们的环保行为起着规范、约束和导向作用。

理论指导实践,没有科学理论指导的实践是盲目的行动。"双碳"理念在某种程度上决定着未来社会的生存和发展方向,推动着社会主义生态文明的发展。一个人的"思想"由感知层和心理层以及个性、利益、道德、理想、政治等观念层、人生观和世界观层构成。① 不同的思想意识对外界的认知反应不同,同时形成过程和作用也不同。"双碳"理念应该是至少处在"思想"的中间层,它以一定的"双碳"心理感知为基础,既受"双碳"方面的利益、理想等观念层的影响,也受更高层的"双碳"世界观的影响。因此基于青少年开展的"双碳"教育中的绿色低碳价值观念主要是指学校各种活动所倡导的绿色低碳理念,其内容涉及对人、事、物的态度、情感和价值观,如环保观念、低碳责任与义务、社会责任感等。

绿色低碳价值观念建立在社会需求基础上,并反作用于社会实践。绿色低碳价值观念的形成也并非简单宣教能达成的,而是往往要经过人们在认知、理解,以及相互交往中逐步形成,在相互影响中得到提升。习近平总书记指出:"一种价值观要真正发挥作用,必须融入社会生活,让人们在实践中感知它、领悟它。要注意把我们所提倡的与人们日常生活紧密联系在一起,在落细、落小、落实上下功夫"。② 因此,在开展绿色低碳环保意识教育教学活动中,从小处入手、从小事做起,是实现青少年儿童绿色低碳价值观念养成的重要入门手段。

---

① 张蔚萍.新编思想政治工作概论[M].北京:中共中央党校出版社,1996:60.
② 习近平.习近平谈治国理政:第一卷[M].北京:外文出版社,2018:165.

为此,交大实小在"双碳"教育中充分结合中国传统文化与历史故事,以充分调动学生的文化共鸣。

一、"碳"寻经典

中华文化敬畏自然、崇尚自然,蕴含着"天人合一""道法自然"的人生观与价值观。2014 年 5 月 15 日,习近平主席在中国国际友好大会暨中国人民对外友好协会成立 60 周年纪念活动上的讲话中指出:"中华文化崇尚和谐,中国'和'文化源远流长,蕴涵着天人合一的宇宙观、协和万邦的国际观、和而不同的社会观、人心和善的道德观。"

我国传统文化中蕴含着丰富的生态实践智慧和绿色低碳价值导向,能够为我们当前进行生态文明教育与建设提供诸多有益借鉴。作为肩负建设美丽中国历史使命的少年儿童,应从中国传统优秀文化中探寻中国文化中的环保知识与发展脉络,继承人与自然和谐发展的理念,追求真善美的价值情操。

"天人合一"是传统文化中的朴素自然观的主要体现:"天"即自然,"天人合一"即是人与自然"你中有我、我中有你"不可分割的关系。这一理念代表了我国先贤圣哲对人与自然关系最朴素,也是最本质的价值认知。

敬畏生命是传统文化中的生态伦理观的主要体现,传统文化中的生态伦理观集中体现为对生命的敬畏和仁爱,也是传统社会赖以维系运转的重要根基。将万物生命一视同仁,集中体现了我国传统文化生态伦理价值取向,即"生"是自然规律,"仁"则是对待万物生命的正确方法论。

取用有节是传统文化中的生态发展观的主要体现。中华传统文化倡导"万物同源",人类与万物具有同等内在价值,应一视同仁,和谐相处。先贤告诉我们,人可以在尊重自然规律的基础上,合理地利用自然界中的事物谋求人类自身的发展,但务求做到取用有节,在向自然索取时要保护自然,避免涸泽而渔的短视行为。交大实小在中国典籍中查找相关观点,面向学生组织了"'碳'寻经典"文化活动(见表8-1)。

表8-1　"'碳'寻经典"文化活动

主　题	代表作	主要思想	活动主体	学习表达方式
传统文化中的朴素自然观:"天人合一"	《周易》《桃花源记》	天地人合"天人合一"	亲子共读主题演讲	读一读
传统文化中的生态伦理观:敬畏生命	《道德经》《庄子·天下》	仁民爱物敬畏生命	同伴共演文化戏剧	演一演
传统文化中的生态发展观:取用有节	"以时禁发"制度《淮南子·主术训》	"不违农时"尊重自然	小组创作创意展示	做一做画一画

二、"碳"访历史

事实上,从古至今,环境保护都是人类赖以生存和发展的基础。通过查阅并梳理相关史料,交大实小开展"'碳'访历史"文化活动(见表8-2),带领学生感受古人的"环保智慧"。

表 8–2 "'碳'访历史"文化活动

"碳"访主题	代表作(人)	活动主体	学习表达方式
古代"环保部门"	"虞"	同伴共演	演一演
古代环保达人	白居易	个体品读	读一读
古代环保"黑科技"	汉代"清凉殿"汉雁鱼铜灯	小组创作	画一画

学生们在史料中探访古代的"环保部门",明确"环保部门"的职责范围。据清朝黄本骥编纂的《历代职官表》,学生们了解到中国古代早期的"环保部门"叫"虞"。"虞"既是机构名,又是官衔名。"虞"的职责范围包括对山、林、川、泽的保护与治理。

学生们还通过探访古代的环保达人,了解当时的生态智慧。唐代诗人白居易就是历史上著名的"生态诗人"。白居易曾写下大量描绘自然风光的诗篇,如《暮江吟》:"一道残阳铺水中,半江瑟瑟半江红。可怜九月初三夜,露似真珠月似弓。"中国古人对大自然的深深热爱、对山河草木的珍视,正是以生态文明智慧为前提的。诗人们热爱自然,写出丰富的风景诗,成为中国古代文学的一道亮丽风景。白居易担任杭州刺史时,发现杭州虽处江南水乡,但仍面临春雨秋旱的情况,于是他决心要兴利除弊、为民造福。白居易带着官民各界,修筑并加高了湖堤,合理地调节了水利资源,雨季蓄水防洪、旱季放水抗旱,确保了千顷农田的灌溉,让当时和后世受益无穷。

学生们通过探访古代环保"黑科技",了解古人的生活才智和环保意识。例如,学生在假期通过"'碳'访历史"文化活动,了解珍藏于山西博物院的文物汉雁鱼铜灯。

汉雁鱼铜灯，1985 年出土于陕西省神木县店塔村西汉墓。雁鱼铜灯由雁头、雁体、灯盘和灯罩四部分组成。灯油点亮后产生的油烟会顺着大雁颈部导入大雁的腹内。雁腹盛有清水，烟会溶于水中，从而起到了净化空气的作用，避免了油烟对环境的污染。

三、"碳"讨节约

节约资源是我国的基本国策，也是有效缓解资源、约束环境，实现经济高质量发展的重要途径。为此，我们应坚持把节约资源贯穿于经济社会发展全过程、各领域，全面提高资源利用效率。开展绿色低碳节约教育活动，增强全民节约意识，推行绿色低碳生活方式，反对奢侈浪费和过度消费，形成全民崇尚节约的浓厚氛围，是厉行节约的重要行动基础。

节约能源并不是现代话题，也非现代专利。"'碳'讨节约"活动让学生在典籍中寻找古人节约的生活智慧，明晰节约文化的脉络。例如，学生在宋代诗人陆游的《老学庵笔记》卷十中发现，《宋文安公集》中的《省油灯盏》一诗与我们现在着力提倡的节约能源理念不谋而合。

诗句中记载了省油灯的"原理"："一端作小窍，注清冷水于其中，每夕一易之。寻常盏为火所灼而燥，故速干，此独不然，其省油几半。"大意是，省油灯的碟壁是一个中空的夹层，碟壁侧面有一个小圆嘴，可用来向夹层中注水，并借此降低油的温度，减慢油的蒸发，最终达到"省油"的目的。

以节约文化为主题，通过开展系列主题活动践行"双碳"教育中的绿色低碳价值观念,有利于培养青少年对人与自然,以及经济社会发展的情感和价值观,如环保观念、低碳责任与义务、社会责任感等。

为此,交大实小结合我国全国节能宣传周活动开展节约主题系列活动(见表8-3),通过举行珍惜粮食主题活动,实现尊重劳动教育;通过举行垃圾分类系列活动,实现爱护环境教育;通过节水节电主题活动,实现节约教育,让孩子们在学、做、画中深刻理解节约的教育意义,培育践行绿色低碳的生活、发展意识。

表8-3　节约主题系列教育活动

节约主题	育人导向	活动形式
珍惜粮食	尊重劳动	主题队会 专题活动
垃圾分类	爱护环境	垃圾分类宣讲 主题海报制作 旧物循环利用
节水节电	节约能源	文化标识制作 节约发明创造 节约主题调研

为深入贯彻落实习近平总书记关于制止餐饮浪费行为的重要指示精神,大力弘扬中华民族艰苦奋斗、勤俭节约的传统美德,树立"节约光荣、浪费可耻"的思想观念,交大实小在全校范围内开展了"厉行节约 反对浪费"主题系列活动,全体师生通过主题宣讲爱节俭、宣传教育拒浪费、岗位实践懂节约、光盘行动践于行等实际行动,宣传文明节约,杜绝餐饮浪费行为。

第二节　绿色低碳文化创造表达

绿色低碳文化创作主要是指用文字、图片、音乐、视频或其他形式传递的绿色低碳语言与文化，如绿色低碳歌曲、学生社团标识以及各类绿色低碳宣传教育等。通过双碳校园文化节的开展，学校面向学生举行多样性的低碳文化表达、展示活动，让学生通过身体力行的认知、体验、操作活动，深刻认同低碳观念。

一、绿色低碳符号标识

绿色低碳校园文化应该处处都有低碳文化标识，时时都是低碳育人小课堂。绿色低碳文化既可以是一种人人都能入眼的"显性文化"，比如教室墙壁上的文化角、黑板上面的标语、同学们一起养护的绿植，也可以是一种让人入脑、入心的"隐性文化"，比如共同制定的绿色低碳班级管理公约、共同遵守的价值观念、共同展现的精神面貌等。让学生通过设计、共建低碳文化标识与角落，将"双碳"教育、低碳文化直观表达出来，在文化与认知的输入与输出过程中，实现低碳文化入眼、入脑、入心。

通过"双碳"校园文化节之"'双碳'行动、我有'画'"要说专题活动，交大实小面向全体学生举行绿色低碳校园象征符号与低碳节能标识的设计和绘画征集活动，通过人人参与的形式，共建、共享绿色低碳育人文化。

"'双碳'行动,我有'画'要说"征集作品

　　各个班级将学生的绘画、设计作品与双碳章，在教室内开辟的"双碳"文化角上展出，通过持续性的专题展览，丰富专题文化角的内容，提升班级低碳育人文化氛围。同时，学校将学生典型的"双碳"作品布置到学校"双碳"德育第一课堂专用教室内外，发挥绿色低碳文化标识的最大育人价值。

　　黑板报作为一种可观赏的形式，也是一种群众性的宣传工具。将学生的绿色低碳图文作品布置成专题黑板报，将学生对"双碳"的认知与理解通过主题板报的形式予以展现，是学校开展"双碳"教育的又一种活动形式。

绿色低碳主题黑板报

　　学校发动学生为学校设计低碳环保标识，要求面向环保、节能、节水、循环、低碳、再生、有机等产品或场所，设计醒目低碳标识，发挥标识的警示、教育作用。例如，在校门口的大屏幕上播放学生设计的低碳出行标识，提醒家长绿色出行；将分类垃圾的标识张贴于垃圾收集处，提醒公民垃圾分类，保护环境；将节能的标识张贴在电器开关处，提醒大家珍惜能源，节能环保；面向全体同学征集"耕绿园"的标识，以示有机循环健康生活理念。

交大实小学生创作的低碳环保标识

充分发挥校园四季活动的育人载体价值，在校园艺术节、科技节等活动场景中全面渗透绿色低碳育人文化，通过作品创作、比赛展示、环境布置，全面凸显绿色低碳元素。在"'节'尽所能、'绿'动新年"迎新主题活动中，学生们用废旧纸张、牛奶盒等制作了各种新年装饰品，一纸一画尽显创意特色，一物一景尽显低碳环保理念。这些手工作品被巧妙地装饰在教室，营造出别具一格、绿色低碳的新年氛围。有的同学利用废旧纸壳制作了迎新门帘，有的同学利用废纸裁剪制作了迎新纸龙，让师生们在喜庆的氛围中度过了一个健康、低碳的节日。

迎新主题活动中学生制作的低碳装饰品

二、绿色低碳主题宣教

根据已有的调查，学生认为"双碳"知识主要来源于学校教育教学活动。可见，学校发挥着在青少年中普及"双碳"知识、开展绿色低碳教育主渠道的作用。因此，在课程教学、家庭启蒙之外，学校还应充分挖掘主题宣教途径，提升学生"双碳"知识图谱的高知晓率与准确率，通过知识宣教，互动操作，主题活动等宣教手段，干预学生绿色低碳行为知易行难的现象，探索绿色低碳教育的适切方式。

以绿色低碳主题宣传教育日为契机，学校结合"双碳"校园文化节主题活动，利用每周主题队会，组织学生广泛开展节水、节电、节粮、垃圾分类、新能源建设、校园绿化美化等教育教学主题交流分享活动，在知识分享、文化交流、创意展示中培养学生创新思维、生态思维，提升学以致慧、学以致用的能力，启人以智慧、育人以科学，全力培养生态文明时代知信行一体化新人。

在主题队会宣教的基础之上，学校鼓励孩子们利用周末的小队活动举行专题"双碳"活动：通过向社区居民宣传绿色低碳生活理念，提升对"双碳"的认知与理解；结合学校的"碳"行体育者体育节主题活动，利用废旧纸箱制作班级体育比赛的加油展板。通过小队的"双碳"主题探究、制作、实践，学生们提高了对绿色低碳生活理念的践行能力。

不仅如此，交大实小充分挖掘专题教育途径，发挥专业教育资源优势，结合"双碳"校园文化节的"碳"学者主题活动，组织学生观看绿色环保的影片、纪录片。例如通过专题纪录片《碳路森林》的宣教，让学生明白自然与每个人息息相关，在一个不断变暖的星球上，没有人是安全的。通过制作观看海报等方式，学生深刻了解了碳轨迹，意识到在每一个生活动作的背后都应该有思考和选择，从而让每一个人坚定走从"种子"到"森林"的低碳之路。

《碳路森林》观看海报

学校在学生对"双碳"认知理解的基础之上，还积极探索肢体表达活动形式，通过与德育、体育、美育的融合，提升绿色低碳教育的全学科育人价值。根据绿色低碳校园的创建导向，结合劳动教育、体育教育、美育教育，学校利用每周的"舞向未来"课间操，从学生打扫卫生、绿化校园、装饰校园的校园基本动作出发，依据"美化校园""绿化校园""炫彩校园"的元素设计动作，将打扫卫生、耕绿劳作、艺术创作的动作进行融合，创编成"低碳校园"主题成套动作，让学生在课间通过肢体表达，展现对绿色低碳的理解，表达对生态文明的美好向往。

三、绿色低碳游园体验

绿色低碳育人文化不仅包括文化符号表达与各种主题宣教，还有知行合一的绿色低碳游园体验活动，让文化在体验活动中呈现信息，让文化在解决问题中体现价值。为深入贯彻习近平新时代中国特色社会主义思想，推动绿色发展，促进人与自然和谐共生的前沿要求，学校以"绿水青山 我们在行动"为主题进行低年级表现性评价活动，将学科知识编入有趣的关卡中，在突出知识点的同时注重让学生在情境中体验，在游园的体验活动中解决问题，将"绿色、低碳、安全、健康"的种子播撒在学生心间。

一年级语文表现性评价的"动物儿歌秀"把小朋友们带入了饶有兴趣的模拟动物表演的情境中。儿歌朗朗上口，锻炼了学生们动作协调性和思维能力。二年级语文表现性评价以"小小图表学问多"为主题，考查学生们的识字能力、朗读能力、阅读理解能力。学生们在阅读非连续性文本后，明白可回收物、厨余垃圾的处理方式和二次价值，既锻炼了学习技能，又积累了环保知识。

"小小图表学问多"学生答卷

近年来,闵行区为鸟类等野生动物的繁衍生息提供了良好的庇护环境和保护氛围,野生动物的物种和数量已呈现出恢复性增长,其中天鹅是国家二级保护动物。数学表现性评价以"改善生态环境 给野生动物一个家"为主题:一年级的小朋友们能根据天鹅湖的主题图收集到与数学相关的信息,将生活情景上升为简单的数学问题,语言表述正确完整;二年级的小朋友们则能够看懂条形统计图中每一条表示的数量,了解在闵行有多少不同种类的野生动物,并能根据条形统计图提出各种数学问题,锻炼观察能力和表达能力。

一年级英语表现性评价以"Colorful Park,Colorful Life"(多彩公园,多彩生活)为主题设计任务情境:小朋友们根据自己的兴趣和能力,选择公园中不同的事物完成自编儿歌,并在此过程中,感受公园的多姿多彩和大自然的美好。小朋友们都能乐于表达,展示自我,在感受英语学习的乐趣中获得成功体验的愉悦。二年级英语表现性评价以"My Animal Friend"(我的动物朋友)为主题:小朋友们在大自然寻找喜欢的动物,绘制信息卡,并向大家介绍自己的一位"动物朋友"。在画一画、做一做、说一说的过程中,小朋友们展示了优秀的语言表达能力,进一步感受到人与自然和谐共处的重要性。

道法学科的教师们设计了"我爱家乡山和水"这一主题,引导学生从不同角度发现家乡的美好,通过活动培养学生热爱家乡、保护环境的情感。在活动中,一、二年级的小朋友们全身心投入:有的拿起画笔画出家乡的好山好水,有的还在家乡美景

"我爱家乡山和水"主题绘画作品

旁设计了家乡环保标语。大家纷纷表示要做家乡生态文明建设的小主人，为守护家乡绿水青山贡献自己的一份力量。

一年级的美术和音乐学科，让孩子们一同沉浸在"梅花鹿的陪伴"中。小朋友们埋头作画，认真思索着色彩搭配和纹样装

梅花鹿主题绘画活动

饰，让一只又一只别样生动的梅花鹿跃然纸上，在发现美、表现美的过程中体验成功与快乐。在音乐中，小朋友们和着节奏翩翩起舞，歌颂着林间的美丽小鹿。欢快的节奏、美妙的歌声，仿佛是在和梅花鹿共同玩乐。

一、二年级自然、体育、美术学科教学融合游园内容，让学生共同探究多种珍稀动物。小朋友们戴上自己制作并美化的动物

模仿动物

头饰,惟妙惟肖地展示、模仿不同动物的运动方式,并将它们的身体特征与生活习性娓娓道来,将在不同课程中学习到的知识与技能融会贯通,在学科融合中实现核心素养的发展,感受生物多样性的意义。

交大实小还积极利用每年与环境相关的主题节日,如节能宣传周、世界水日和中国水周、粮食安全宣传周、森林日、植树节、生态日、湿地日、荒漠化日、爱鸟周等时机,结合学校教育阵地,开展各类主题宣传教育活动,向全校师生进行绿色低碳文化教育,普及绿色生活方式方面的宣传教育,推动建立起学校绿色低碳理念传播路径,构建低碳校园氛围,让全体师生成为践行绿色低碳社会发展的先锋力量。

后　记

　　这本书是写给基础教育尤其是"双碳"教育的参与者、思考者和关注者的，也是写给探索者、研究者的。终于可以写下句号了，但依然意犹未尽。心存感恩，拱手言谢，一言难尽。

　　书中内容的创作主体是上海交通大学附属实验小学的师生们。一年前，交大实小确定承担闵行区德育"第一课堂"第八讲教学展示任务，学校关于"大思政课"的研究与实践正式进入上海"大思政课"建设整体试验区（上海交通大学—闵行区）序列。

　　受这节展示课的启发，在上海交通大学党委宣传部、上海交通大学马克思主义学院的关心与组织之下，我们正式启动了本书的撰写工作。虽然"双碳"教育是一个新事物、一种新的教育命题，在基础教育阶段更是无从借鉴与参考，但面对未来人的需求，对一切伟大创造的源泉——不灭童心的敬畏，我们责无旁贷。

　　虽然提炼、编撰、创作很难，但看到孩子们在"双碳"课堂中的精彩发言、在"双碳"科创活动中的奇思妙想、在"双碳"校园文化节中的异想天开、在"双碳"社会实践中的责任担当，我们深刻感受到他们才是未来事业的主人，我们所做的一切都是值得的。

　　面对书稿，首先特别感谢上海交通大学机械动力与工程学院、电子信息与电气工程学院、环境科学与工程学院、智慧能源创新学院、农业与生物学院、中英国际低碳学院、外国语学院、马克思主义学院、媒体与传播学院、教育学院和学生创新中心。是你们助我们一起前行，聚焦"绿色低碳"主题，依托上海江川社区发展基金会，整合各方在专业课程、实践基地、资金支持等方面的优质资源，共建共享"交大·江川绿色低碳教育交大实小基地"，为本书的创作提供了专业支撑。感恩各位，我们一路同行！相信未来，我们还将继续前行，创造并读懂更多的"双碳"育人故事。

特别致谢上海德智体美教育科技股份有限公司。你们的热心与专业为我们这本书的出版打下了专业资源基础。

特别致谢上海交通大学出版社的钱方针、黄婷蕙两位编辑。你们的认真负责与专业态度是本书修订、出版的坚实保障。

最后，特别的致谢要给予特别的师生。因为有你们这样一群可爱的人，才有了我们的共同追求。

祝福交大实小，愿你在"双碳"教育中奋发有为，健康发展，下一个二十年更辉煌！

王叶婷

2024 年 2 月 23 日于上海思源湖畔